シリーズ「遺跡を学ぶ」152

中世武家庭園と戦国の領域支配

江馬氏城館跡

三好清超

新泉社

中世武家庭園と戦国の領域支配

―江馬氏城館跡―

三好清超

【目次】

第1章　武家庭園の発見……4

1　江馬の殿さまの館跡……4

2　あらわれた庭園遺構……6

3　国史跡・国名勝へ……12

第2章　北飛驒に雄飛した江馬氏……15

1　中世高原郷と江馬氏……15

2　室町幕府の武士として……16

3　戦国時代と江馬氏の滅亡……20

第3章　姿をあらわした武家館……23

1　江馬氏下館の変遷……23

2　武家庭園の実像……35

3　館で示す武家の権威……39

第4章　北飛騨支配の実像……43
1　中世武家の領域支配とは……43
2　本城・高原諏訪城……46
3　館周辺に広がる集落……54
4　隣接する山寺と城……57
5　領域をとりかこむ山城群……64
第5章　庭園の復元と未来……81
1　庭園の復元……81
2　江馬氏城館跡の価値……87
3　江馬氏城館跡のめざす姿……90
引用参考文献……92

編集委員
勅使河原彰（代表）
小野　昭
小野　正敏
石川日出志
小澤　毅
佐々木憲一

装　幀　新谷雅宣
本文図版　松澤利絵

第1章　武家庭園の発見

1　江馬の殿さまの館跡

水田に巨石が五つ、顔を出していた。地元では「江馬《えま》の殿さまの館跡」とよんでいた。ここは岐阜県飛驒市神岡《かみおか》町の中央部にある殿《との》地区で、「江馬の殿さま」とは室町時代から戦国時代にかけてこの地を治めた武将、江馬氏のことである。

飛驒市は、北は富山県富山市、南は岐阜県高山市、西は白川村に接し、岐阜県の県庁所在地岐阜市から北へ約一五〇キロ、飛驒地方の中心地である高山市からも北へ約一五キロある岐阜県最北端にある自治体である（図1）。

周囲は標高三〇〇〇メートル級の飛驒山脈（北アルプス）などの山々にかこまれ、総面積約八〇〇平方キロのうち森林が九三パーセントを占める。東西に長い市域の南東から中央部を高《たか》原川《はらがわ》が北上し、西側は宮川《みやがわ》が北上し、富山県境で合流して神通川《じんつうがわ》となって富山湾に注いでいる。

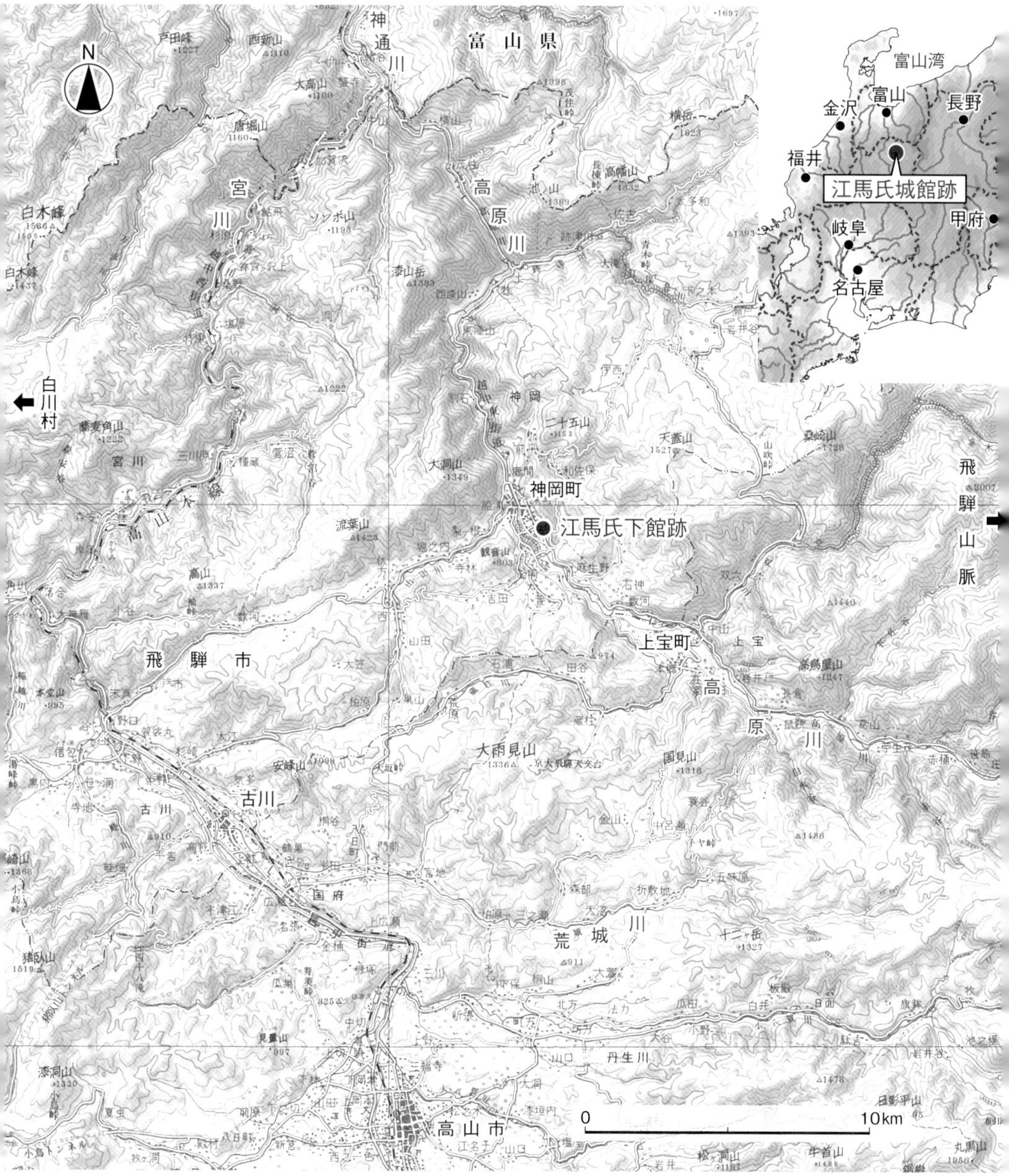

図１ ● 江馬氏下館跡の位置
岐阜県飛騨市の中央部、神岡町の高原川が形成した河岸段丘上にある。国史跡「江馬氏城館跡」は周辺の山城も加えた名称で、武家館は「下館跡」とよばれている。

この二つの河川とその支流地域の地形は急峻で、それらの河川が形成したわずかな河岸段丘が可住地である。その面積は約六〇平方キロと総面積の一割を切るほど山深い。市の人口は二万四〇〇〇人弱で、高齢化率は四割、一部を除き特別豪雪地帯である。

神岡町はこの飛騨市のおおよそ中心部に位置し、高原川沿いのもっとも広い河岸段丘に開けた町である（二〇〇四年に近隣三町村と合併して飛騨市となる）。一時期は東洋一の非鉄金属の産出量を誇った神岡鉱山があり、また近年では小柴昌俊《こしばまさとし》さんがノーベル賞を受賞するきっかけとなった研究装置カミオカンデ（現在はスーパーカミオカンデが稼働）で有名である。

一方、それらよりもはるかにさかのぼり、文献資料や絵画資料でしか知られていなかった室町時代の武家館とその庭園の姿を考古学的に明らかにした地でもある。現在、国史跡の江馬氏城館跡《じょうかんあと》・国名勝の江馬氏館跡《やかたあと》庭園となっている（図2）。

2　あらわれた庭園遺構

カドミニウム汚染対策から

庭園の発見は一九七〇年代までさかのぼる。一帯は水田であったが、神岡鉱山から排出されたカドミニウム汚染土が広がるとして、一九七〇年以降は休耕田となっていた。その後、カドミニウム汚染対策事業として神岡町内で土地改良工事が実施されることとなり、「江馬の殿さまの館跡」も対象地となった（図3）。

図２●復元された江馬氏館跡庭園
発掘調査の成果をもとに復元された。室町時代の庭園と会所がセットで復元されているのは、現在、全国でここだけである。国史跡とともに国名勝にも指定されている。

この土地改良工事は、汚染された旧耕作地に客土を運び込み、一帯を大規模にパックし、その客土のうえに新たに耕作土を入れて復旧しようとするものである。もちろん造成の際に削平をともなうこともあった。

一九七二年に土地改良工事がはじまった。当時、神岡町の文化財担当者であった都竹《つづく》清《きよ》隆《たか》さんは、「館跡の伝承地にも重機が土を運びはじめたが、いわれがある場所なので調査をおこなう必要性を訴えた」とふり返る。

そして神岡町文化財保護審議会の指導により、町教育委員会が館の伝承地を試掘調査することになった。すると一・五〜二メートルにもおよぶ巨石が散乱していたのである。

これは庭園の遺構ではないか。都竹さんは発見された遺構を評価するため、一冊の本(『庭ひとすじ』学生社)の著者に手紙を書いた。庭園文化研究所の森《もり》蘊《おさむ》所長である。都

図3 ● 昭和初期の現地のようす
写真中央から左手の水田に巨石が頭を出しているのがみえる。
地元には「江馬の殿さまの庭石」という伝承が残っていた。

竹さんの熱意により森所長はすぐに来跡し、巨石は庭園に配置された景石《けいせき》で、遺構は「室町時代の庭園様式に比定できる」との見解を出した（図４）。この評価により町は発掘調査を継続することを決定する。

この見解が後の保存を決定づけることになったが、このときにはまだ庭園の周辺で土地改良工事が進められていた。

景石、池と館

一九七三年から庭園跡の全体像を把握する調査がはじまった。景石をたんねんに調べ、庭園の池の汀線《みぎわせん》とその形状を把握した。土師《はじ》器《き》の皿や貿易陶磁器といった中世遺物も出土し、庭園遺構の全体像がほぼ確定された（図５）。

さらに土地改良工事がおこなわれる予定の隣接地でも試掘調査を実施し、池に接続した

図４●庭園文化研究所・森蘊所長による指導
立っている人物の左端が森氏。森氏は室町時代の庭園様式に比定されるとの見解を示した（撮影年不明）。

礎石建物跡や堀跡の存在が明らかになった。このため一九七八年度には調査区をさらに拡大し、周辺の発掘調査をおこなうことになる。

それにともない記録作成・保存活用方法の研究のため「江馬館発掘調査会」が結成された。調査会の顧問には森所長、発掘責任者には安原啓二さん（奈良国立文化財研究所）を迎え、一三名で構成された。

この専門性と客観性を確保した調査により、多くの土器、陶磁器類が出土し、庭園跡、建物跡、堀跡といった遺構が明確に把握され、中世の地方武家館が姿をあらわしたのであった。

図5●姿をあらわした庭園跡（1978年度の発掘調査）
庭園跡を中心として周辺に建物跡を確認した。写真中央の庭園跡は景石の配置がわかる。その左手で会所と考えられる礎石建物跡を発見した。

地方武家館とは

ここでいう中世の地方武家館とは、応仁の乱（一四六七〜七七年）以前に全国各地で築かれた武将の居館のことである。

一一世紀後半から一二世紀、平安時代の終わりごろから鎌倉時代にかけて、地方で力をたくわえた武士が農業経営や交易などの拠点として居館を築きはじめる。それは生垣や土塁《どるい》、堀や溝などでかこまれたものであった。それが一三世紀の終わりから一四世紀になると、方形の敷地を土塁や塀、大規模な堀で区画した画一的ともいえる居館に発展する。

これは室町将軍邸を模したものとされる。各地方の守護は在京することが多かったため、京都の文化が室町幕府と結びついた各地の武将によって地方にもたらされた。各地の武将は将軍などの幕府の有力者にならい、武家の儀礼をおこない客人をもてなす会所や庭園をそなえた館

図6●江上館の方形館（新潟県胎内市）
奥山荘の惣領地頭・中条氏が築いた本拠地で、
方形をしていて周囲を堀でかこんでいる。

をつくることになったのである。

長野県中野市にある鎌倉時代から戦国時代にかけて北信地方で活躍した有力武士団・高梨氏により築造されたと推測される中世の方形館跡や、新潟県胎内市にある奥山荘《おくやまのしょう》の惣領地頭《そうりょうじとう》・中条氏が築いた江上館《えがみやかた》跡（**図6**）などがあげられる。江馬氏の武家館である下館《しもやかた》跡も、そうした地方の武家館のひとつといえる。

3　国史跡・国名勝へ

こうして神岡町の調査によって下館跡の全貌が明らかになった。また、一九七九年には地元の殿地区の住民が「江馬遺跡保存会」を発足して江馬氏の顕彰などをおこない、史跡保存への熱意を示した。こうした成果と活動をふまえて、一九八〇年、周辺の山城跡（第4章で解説、**図28参照**）をふくめて江馬氏城館跡が「中世城館の形態をよく示す貴重な遺跡である」として国史跡に指定された。

史跡に指定された後、庭園跡はふたたび水田に復されていたが、一九九四年より史跡整備をめざして発掘調査が再開された。一九九四〜九六年度には富山大学の考古学研究室が、一九九七年度からは神岡町教育委員会が単独で調査を実施した。

さらに二〇〇〇年度からは整備事業がはじまり、二〇〇九年度まで整備工事にともなう発掘調査が実施された。この大事業を担当したのが渡辺（旧姓大平）愛子さんである。史跡指定前の調査で判明した遺構・遺物を再調査し、建物跡の主軸と検出層位の確認および遺物の年代観から遺構の変遷を明らかにした。とくに一五世紀末から一六世紀初頭の館の全体像を提示したことは特筆される。

渡辺さんは、出土した墨書《ぼくしょ》土師器皿の年代から庭園がつくられた年代を位置づけ、土層の検討から庭園に接続する会所建物が庭園と同時につくられたことを示し、会所建物と軸線をそろえる建物群で館が構成されていたことをつかんだ。この成果により庭園と会所、それをとりかこむ土塀などが考古学的に位置づけられたのである（**図7**）。

応仁の乱後の一五世紀後半、それまで在京していた守護や戦火を逃れ

図7●復元された江馬氏下館跡の庭園と会所建物
庭園と会所建物、それらをとりかこむ土塀が復元された。そのほかの建物は平面表示されている。館の背後の山稜に高原諏訪城が位置する。

た文化人が地方へ下ったことによって、京都の文化がさらに地方へ伝播していった。たとえば、周防・長門・石見の守護大名であった大内氏は、応仁の乱後に山口を整備し、京にならった館の新造に着手している（図8）。また、室町幕府の連歌会に出仕し連歌界で最高の名誉職である北野連歌会所奉行に任じられた連歌師の飯尾宗祇《いのおそうぎ》は周防、越前、若狭など全国各地の武将に招かれ、連歌を広めている。

江馬氏下館は、応仁の乱以前の室町幕府と地方武士のつながりのなかでつくられたが、応仁の乱後に京都の文化が地方に伝播するなかで、発見した姿の庭園がつくられたと考えられる。こうした特徴から、二〇一七年、「室町時代における庭園文化の地方への伝播と多様化を示す重要な事例として庭園史上の価値が高く、保存整備によって芸術上及び観賞上の価値も顕在化された」として国名勝に指定されたのである。

図8 ● 復元された大内氏館跡庭園（山口県山口市）
館の南東隅にある京風の池泉庭園で、写真手前に塀がめぐり、池の奥に会所があったと推定されている。

第２章　北飛騨に雄飛した江馬氏

１　中世高原郷と江馬氏

高原川に沿った飛騨市神岡町からその南部に接する高山市上宝《かみたから》町は、中世に飛騨国吉城《よしき》郡のなかで高原郷とよばれる地域であった。この地を治めていた江馬氏の出自は、伊豆国田方《たがた》郡江馬庄（現・伊豆の国市付近）を領有していた鎌倉幕府執権北条氏の一族か、北条氏の家臣である伊豆の江馬（江間）氏の一族と考えられている。

一三世紀中ごろに江馬氏は飛騨に領地を得て高原郷に入ったとされ、その後、南北朝の内乱をへて当地で力をたくわえて、領主として成長したと推定される。

江馬氏が城館をおき拠点とした高原郷一帯は、飛騨地域でも最北端にあたり、越中・信濃と接していることから、古くより交通の要衝となっていた（図9）。

鎌倉時代、交通上もっとも重要な道は鎌倉街道であった。政治の中心地・鎌倉へ通じる鎌倉街道が日本各地で整備された。そのひとつが越中から高原郷を抜けて信濃に至る有峰《ありみね》街道である。飛驒山脈を越え信濃・甲斐を抜けて鎌倉に至るルートは、飛驒地域はもちろんのこと北陸諸国にとっても鎌倉へむかうのにもっとも近いため重要であった。

鎌倉街道は、鎌倉幕府が倒れて室町時代になってからは、信濃街道あるいは信州街道とよばれるようになり、引きつづき飛驒・北陸諸国と信濃を結ぶ道として機能していた。

また、飛驒地域と越中を結ぶ街道は越中街道とよばれ、主要なものは越中東街道・越中中街道・越中西街道の三ルートがあった。越中東街道は飛驒高山から大坂峠（十三墓峠《じゅうさんぼ》）を越えて高原郷に入り、船津《ふなつ》から高原川右岸沿いに越中にいたるルートである。越中中街道は船津で越中東街道から分岐し、高原川左岸沿いに越中にいたるルートである。越中西街道は宮川沿いに飛驒高山から越中にいたるルートである。さらに高原郷には、越中東街道と越中西街道をむすぶ数河《すごう》街道や越中東街道と信濃街道をむすぶ上宝道など、いくつかの脇街道が通っていた。

この交通の要衝を掌握できたことが、江馬氏が当地に居つく根拠の一つになったのであろう。

2　室町幕府の武士として

高原郷の江馬氏が史料上にあらわれるのは一四世紀中葉の南北朝期のことである（表1）。初見史料は、京都の天龍寺開山などについて記されている『天龍寺造営記』の一三四二年（康永一）の記録である。天龍寺造営の儀礼で「江馬左近将監忠継《さこんしょうげんただつぐ》」が将軍の警護などをおこ

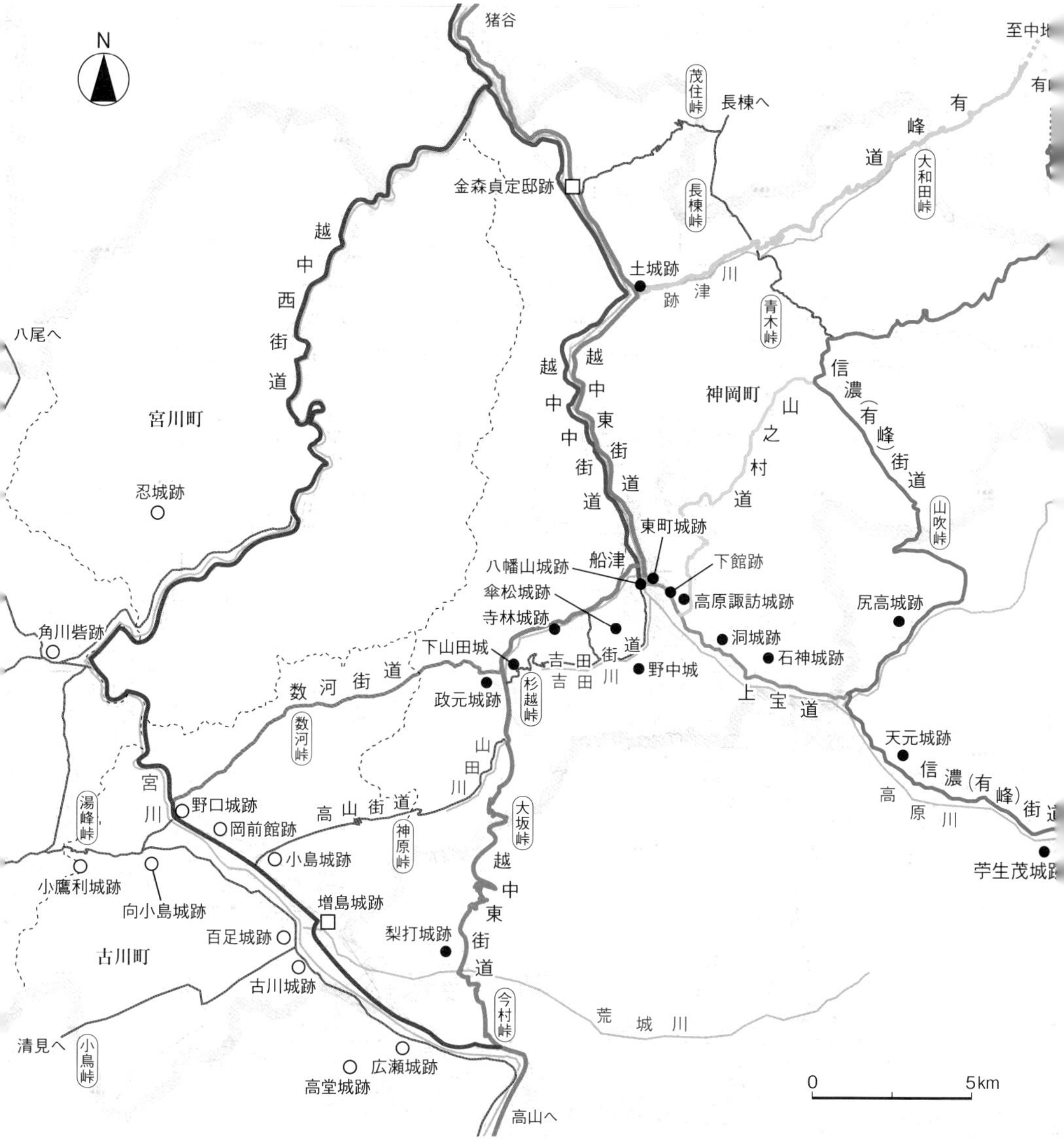

図9 ● 北飛驒地方の街道

北陸諸国と信濃を結ぶ主要街道と脇街道が高原郷を通っている。そして江馬氏下館と本城・高原諏訪城のある神岡の盆地をとりかこむように江馬氏に関係する山城が配置されている。

なう役目をもった小侍所《こさむらいどころ》の武士として、佐々木佐渡判官入道の進めた馬を引いたと記述されている。佐々木佐渡判官入道とは京極高氏《きょうごくたかうじ》（導誉《どうよ》）のことで、飛騨守護を務めていた。守護の馬を引いた江馬氏も、幕府直属の武士だったのだろう。

一四世紀後半になると、江馬氏は京都山科《やましな》の公家である山科家に伝来した史料『山科家文書』に散見される。一三七二〜八八年までの記録のなかに「江馬但馬四郎《たじましろう》」「江馬能登三郎《のとさぶろう》」「江馬民部少輔《みんぶのしょう》」の名前が確認できる。三人とも飛騨にかかわる記述のなかに登場するため、高原郷の江馬氏と同族の者と考えられる。

江馬但馬四郎は、室町将軍を補佐して政務を総括していた管領《かんれい》の細川頼之《よりゆき》や斯波義将《しばよしゆき》から、室町幕府の公務として山科家の所領を奪っていた守護被官人《ひかんにん》の垣見氏を排除するよう命令を受けた。一方で、「能登三郎」は飛騨国江名子《えなこ》（現・高山市江名子町付近）や松橋（不明）の山科家領を力ずくで奪いとったとある。「江馬民部少輔」は室町幕府の公務として山科家領に関する段銭《たんせん》という税の催促を止めるよう命令を受けている。

これらの史料からは、一四世紀末には高原郷にいた江馬氏の一族が、室町幕府から地域を代表する武士と認識され、幕府の公務を執行するなどの勢力をもっていたことがわかる。

一五世紀後半になると江馬氏は、幕府の有力者と強いつながりをもって認められる武士になったようである。

同じく山科家の一五世紀代の記録である『山科家礼記』には、文明三年（一四七一）・同四年（一四七二）に、「江馬左馬助」が室町幕府より、山科家領を姉小路《あねこうじ》氏とともに治めるよう

表1 ● 江馬氏関係年表

年	事項	文献
13世紀ごろ	江馬氏が高原郷に入ったとされる。	
1342年（康永1）	「江馬左近将監忠継」天龍寺造営の儀礼の際に小侍所の武士として佐々木佐渡判官入道（京極高氏〔導誉〕）の馬を引いた。	(1)
1372年（応安5）	「江馬但馬四郎」広瀬氏を通じ、管領斯波義将から、山科家領を押領した守護被官人垣見氏を排除するよう命令を受ける。	(2)
1381年（永徳1）	「江馬但馬四郎」稲垣氏を通じ、管領細川頼之から、山科家領を押領した守護被官人垣見氏を排除するよう命令を受ける。	(2)
1383年（永徳3）	「江馬能登三郎」守護被官人の垣見氏とともに山科家領飛騨国江名子・松橋を押領する。守護京極氏に排除するよう命令が出される。	(2)
1388年（嘉慶2）	「江馬民部少輔」室町幕府奉行人より山科家領段銭催促を停止するよう命令を受ける。	(2)
1471年（文明3）	「江馬左馬助」室町幕府奉行人より山科家領飛騨国岡本上下保・石浦・江名子・松橋を、姉小路氏とともに現地で治めるよう命令を受ける。	(3)
1472年（文明4）	「江馬左馬助」管領細川勝元にたいし、幕府に忠節をつくすと書状を出す。	(3)
1484年（文明16）	「江馬三郎左衛門元経」小八賀郷の代官に任命される。	(4)
1489年（長享3）	禅僧万里集九、高原郷・荒木郷を訪れ、江馬氏の饗応を受ける。	(5)
1491年（延徳3）	「江間殿」室町幕府奉行人から北野社領飛騨国荒木郷の回復を命じられる。以後、江馬氏が北野社領の飛騨国荒木郷の所領経営を委任される。	(6)
1492年（延徳4）	「和尓平太」江馬氏の使いとして北野社の年貢催促にたいし、南円院に納めに行く旨の返答をおこなう。	(6)
1544年（天文13）	飛騨国に兵乱がおこり、安国寺・千光寺が被害を受ける。	(7)
1564年（永禄7）	江馬輝盛と江馬時盛が対立。輝盛は三木良頼とともに上杉氏の助力を、時盛は武田氏の助力を得る。最終的に時盛が降伏する。	(8)
1582年（天正10）	江馬輝盛、三木自綱と荒木郷八日町で合戦におよび、輝盛が討ち死し江馬氏敗走（「八日町合戦」）。直後に三木方の小島時光が高原諏訪城に攻め入り落城。	(9)
1584年（天正12）	江馬時政、河上用助に荒木郷の土地を給付する。	(10)
1585年（天正13）	羽柴秀吉の命を受けた金森長近・可重父子が飛騨に侵攻。江馬時政は当初金森氏に付きしたがうが、金森氏が飛騨統一直後に一揆を起こし滅ぼされたと伝わる。	

文献（1）天龍寺造営記　（2）山科家文書　（3）山科家礼記　（4）烏丸家文書
（5）梅花無尽蔵　（6）北野社家日記　（7）飛州志所載史料　（8）窪田家文書
（9）寿楽寺大般若経巻第六百裏書　（10）河上家文書

命令を受けたほか、管領細川勝元《かつもと》から山科家への忠誠を誓うよう指示を受けたと記されている。また、京都烏丸《からすま》の公家である烏丸家に伝わる『烏丸家文書』の文明一六年（一四八四）の記録には、「江馬三郎左衛門元経《さぶろうざえもんもとつね》」が小八賀郷（現・高山市丹生川町《にゅうかわ》付近）の代官に任命されたと記される。

さらに京都北野天満宮の日記である『北野社家日記』には、延徳三、四年（一四九一、九二）、「江間殿」が室町幕府の奉行人松田長秀《ながひで》・飯尾為規《ためのり》から、守護勢力に侵害されていた飛騨国荒木郷の北野社領をとり返すよう命じられ、以後、江馬氏が北野社領の所領経営を委任されたことがわかる。

これらの史料からは、江馬氏が高原川流域にとどまらず、神岡町に南接する荒城川流域（高山市国府《こくふ》町周辺）にまでその勢力を拡大し、一五世紀末まで飛騨国の有力な武士として室町幕府との関係を保っていたといえよう。

3　戦国時代と江馬氏の滅亡

一六世紀に入るころ、戦国大名といわれる地域権力者が台頭するようになると、飛騨地方は甲斐の武田氏と越後の上杉氏という二大勢力のあいだにあって、双方から圧力を受けることになる。そのような戦国時代の最中、江馬氏は富山市にある中地山《なかちやま》城の城主になるなど、越中にも進出していたとされる。

しかし一五八二年（天正一〇）、本能寺の変で織田信長が没すると、当時の当主とされる江馬輝盛《てるもり》と飛騨南部から古川盆地まで侵出していた姉小路（三木）自綱《よりつな》とが、飛騨全域の支配権をめぐって争うことになる。決戦は両氏の領地境である荒城郷八日町《ようかまち》（現・高山市国府町）でおこなわれた。この争乱は八日町合戦ともよばれる。その結果、江馬輝盛が敗れて討死にする。すぐに三木方の小島城主・小島時光《ときみつ》が高原郷に攻め入り、本城の高原諏訪城も落城した。このことは飛騨市古川町太江《たいえ》にある寿楽寺の大般若経裏書に伝えられている（**図10**）。

こうして江馬氏は高原郷の領主ではなくなったが、その後も河上家に伝わる史料『河上家文書』では、江馬時政なる人物の活動が認められる。また後の加賀藩の家老、山崎家の家臣団に関する戦功覚書である『山崎家士軍功書』には、天正一二〜一三年（一五八四〜八五）に佐々成《さっさなり》

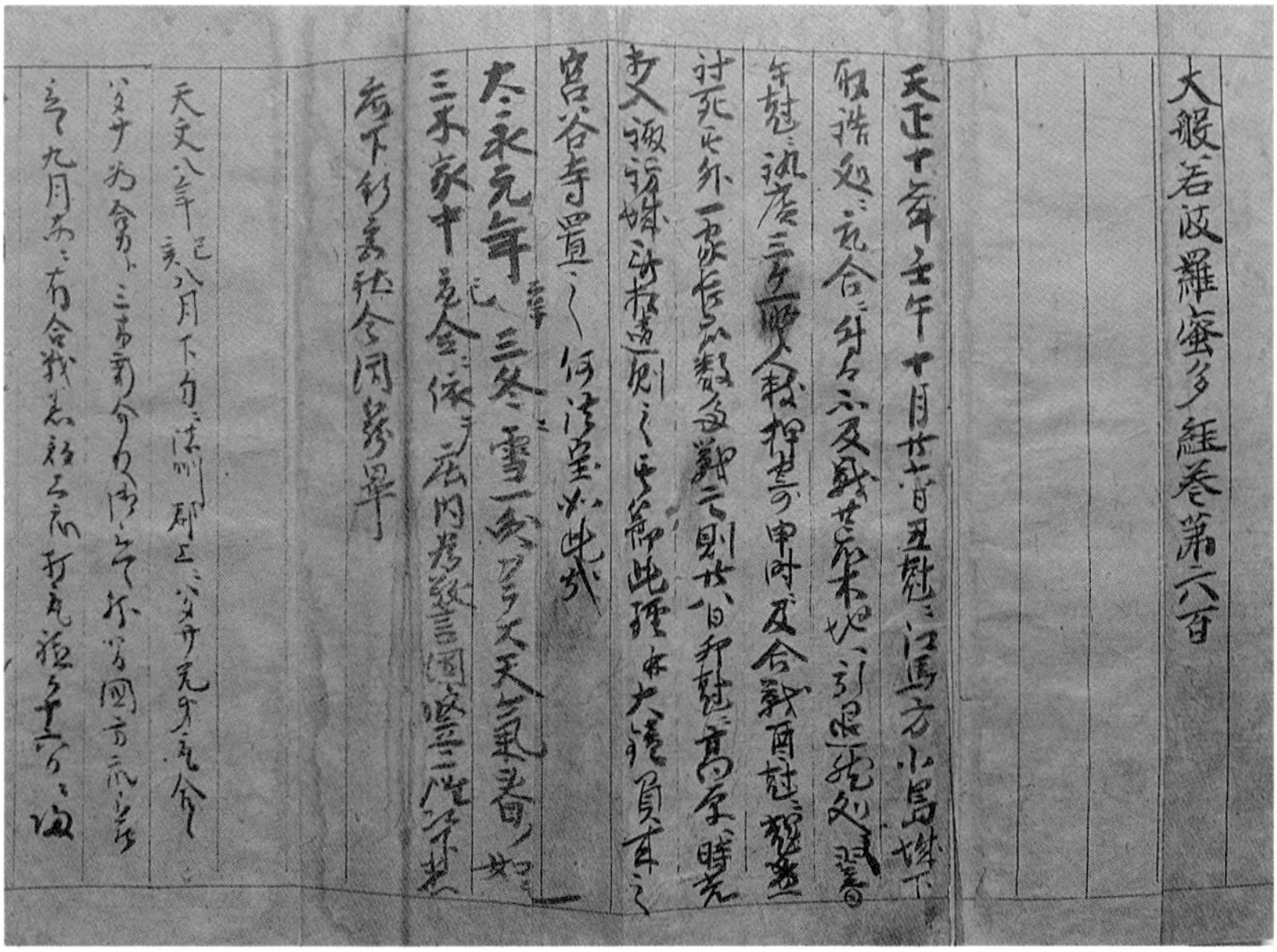
大般若波羅蜜多経巻第六百

図10 ● 高原諏訪城落城を記した大般若経
裏書に1582年（天正10）に高原諏訪城が落城した際に、三木方の小島時光がこの大般若経を持ち帰ったと書かれている（寿楽寺蔵、岐阜県重要文化財）。

政《まさ》軍が高原郷に侵攻した際に、江馬氏が「高原の城」を明け渡し、「岩屋堂」（現・高山市上宝町岩井戸か）に籠もって戦うが攻め落とされたと記されている。

どの程度の勢力を保っていたかは不明だが、江馬氏は一五八二年で完全に滅びることなく、存続していたのであろう。

その後、一五八五年に金森氏が飛驒に侵攻した際、江馬氏は当初金森氏に付きしたがうが、金森氏が飛驒統一直後に一揆を起こし、滅ぼされたと伝わる。このようにして、中世の飛驒北部に雄飛した江馬氏は、近世への転換期に史料ではみられなくなった。

このように長い江馬氏の歴史のうち、神岡町でみつかった庭園と建物を有する武家館は、一四世紀末から一六世紀はじめにかけて利用されていたものである。

第３章　姿をあらわした武家館

1　江馬氏下館の変遷

江戸時代の地誌『飛州志《ひしゅうし》』に「根小屋」と記され、ながく「江馬之下館跡」と理解されてきたのが、江馬氏下館跡である。

下館跡の遺構は、建物の主軸方位によって、a・b・cの三群と、これらのいずれにも属さないd群の計四群に整理された。

主軸方位を時期によるまとまりと考え、それらの建物などを確認した層位、建物遺構からみつかった出土遺物を検討した。その結果、江馬氏下館の時期は大きくⅠ〜Ⅲ期の三時期に分かれ、さらにⅡ期はA・Bの二時期に細分されると整理することができた。また、Ⅰ期にd群の一部、ⅡA期にb・c群、ⅡB期にa群、Ⅲ期にd群の一部が属することも明らかになった。

Ⅰ期：館となる場所に人が生活を営みはじめる

この地で人びとの営みが認められるのは一三世紀後半から一四世紀代にかけてである（図11）。総柱式の掘立柱建物が散在し、堀はまだない。建物の主軸方位は一致せず、規格性は認められない。建物が何に使われたか、具体的に明らかにできていないものの、なんらかの土地利用がはじまった時期である。

ⅡA期：館が成立した時期

一四世紀末から一五世紀後半に、建物を計画的に配置した館が成立する（図12）。北・

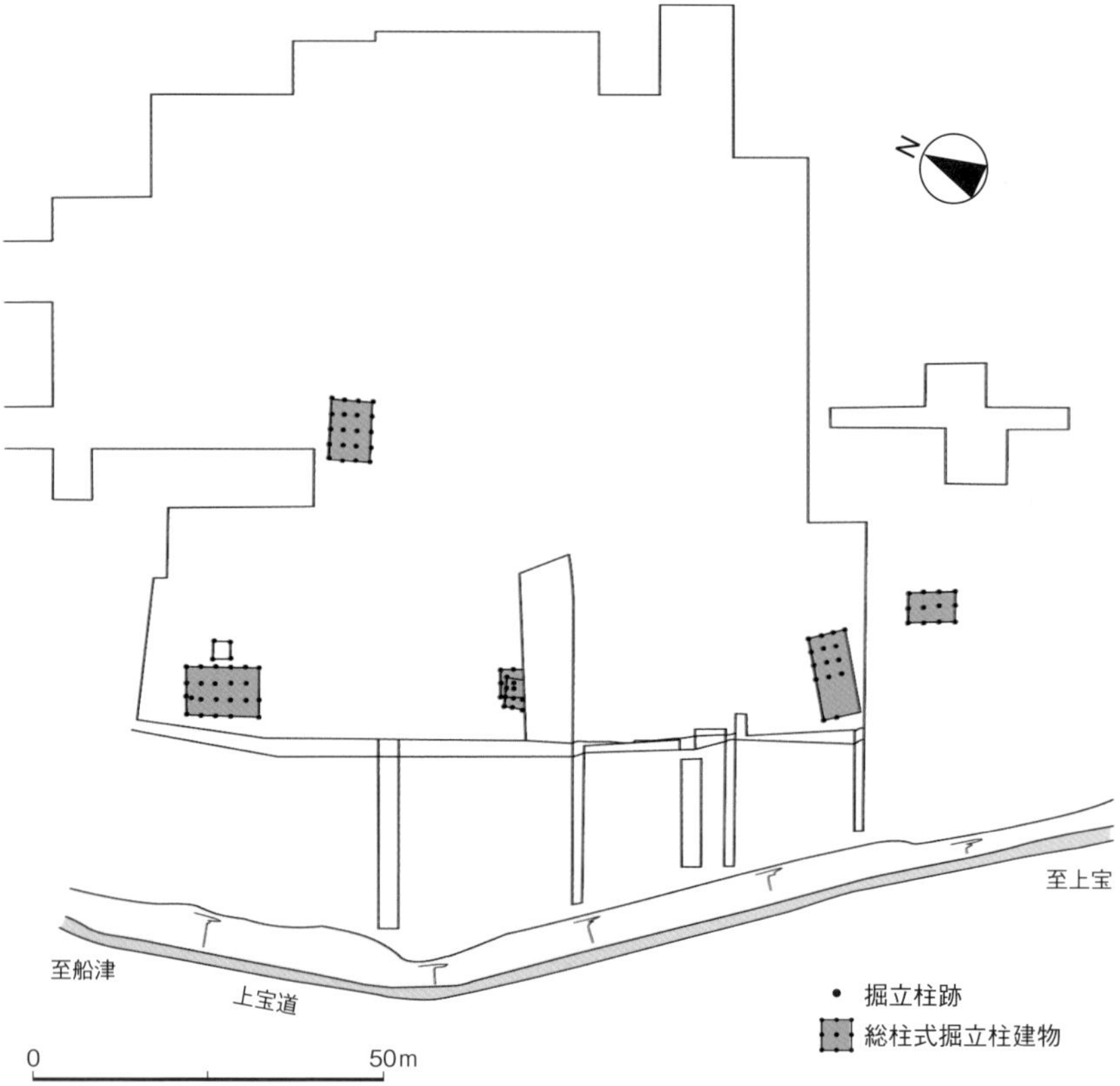

図11 ● 下館Ⅰ期の遺構図
掘立柱建物が散在し、それらの主軸方位は一致しない。
館となる場所に人びとが住みはじめた時代である。

西・南の三方向に堀を設け、東は山を背にする。堀でかこまれた範囲と堀の外側の範囲に地区分けでき、さらに堀の外側は西側の部分と南堀より南側の部分に分けることができる。

そのあり方と武家館研究の蓄積から考えて、堀にかこまれたところを「堀内地区」、そして堀の外を「堀外地区」とよび、さらに堀外地区のなかの西側は堀内地区の門が面していることから「門前地区」、南側は炉跡をともなう竪穴建物があることから「工房地区」とよぶことにした。

南堀は新旧二時期が認めら

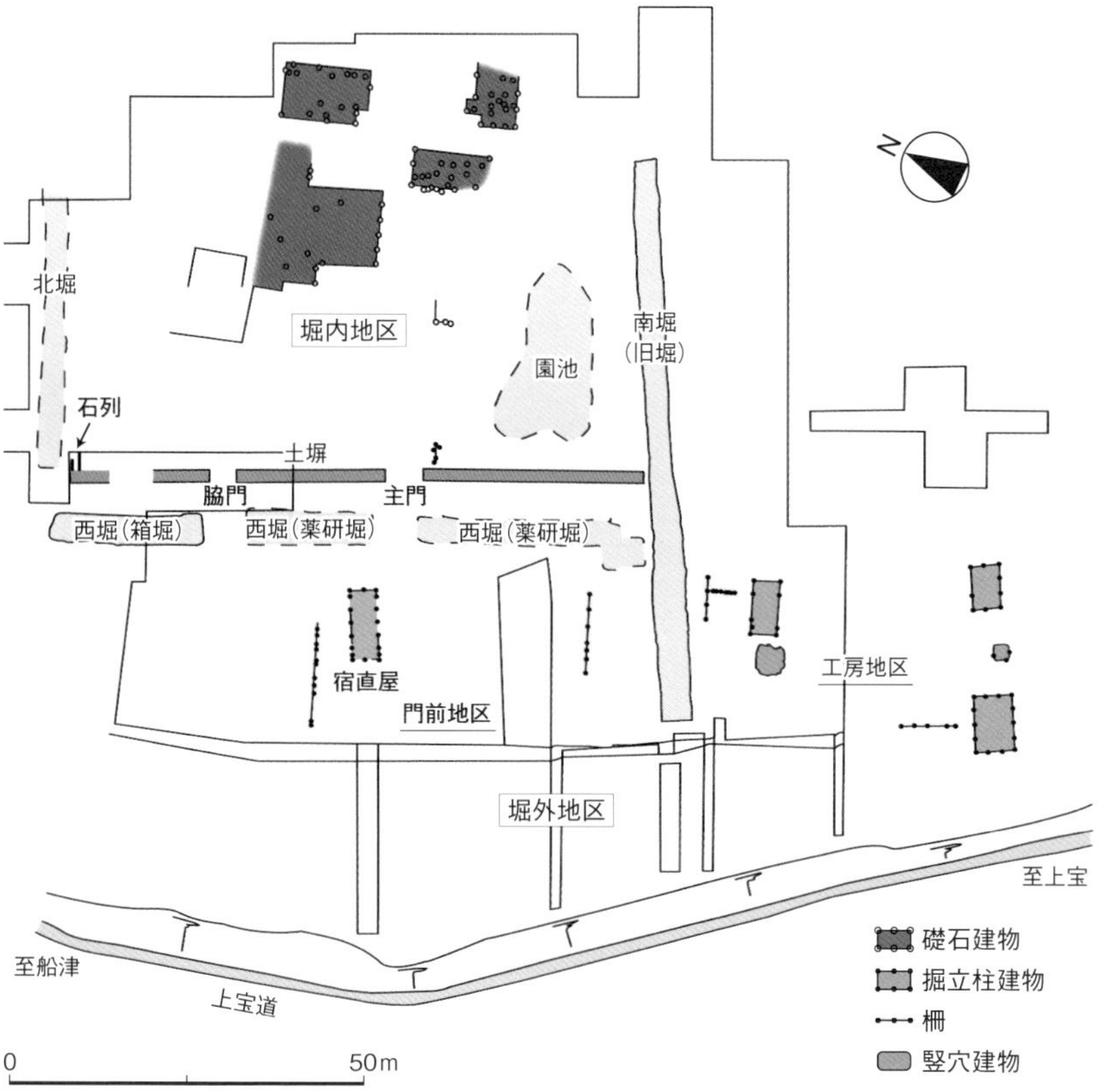

図12● 下館ⅡA期の遺構図
堀と塀で設けた区画に計画的に建物を配置し、堀内地区には礎石建物と庭園、堀外地区には掘立柱建物や竪穴建物がみられる。館が成立した時期である。

れており、主軸方位は新堀がa群、旧堀がc群であった。その主時期方位から、ⅡA期には旧堀が掘られていた。

西堀は主門と脇門前の通路である土橋により三つに分断される。ほかは断面が逆台形の箱堀なのにたいし、主門前の二カ所はV字形に彫り込む薬《け》研堀《げんぼり》になっている。

北堀に沿って一・五メートル幅の二本の石列がならぶ。この石列は堀の館側にならんでいることから、土塀の基底部と考えられた。その主軸方位はc群であった。このため、土塀も館の最初期から計画的に設け、改修を加えながらⅡB期まで使用していたと考えられる（**図13**）。

堀内地区では規模の大きな礎石建物をつくり（**図14**）、堀の周辺部に方形の区画を設けて館に必要な諸施設を計画的に配置している。上面の遺構を残しながらの発掘調査で、ⅡA

図13 ● 北側土塀の基底部石列（北北西から、1997年度調査）
一段だけ積まれた石積みが、人物の左手前の北堀に沿って2列ならんでいる。館をかこんだ土塀の基礎に据えられた石列と考えられる。

期の土層まで掘りきっていないため、この時期の建物は部分的に確認したにすぎない。そのような制約のなかでも、遺構の切り合い関係と出土遺物の年代から、b・c群に属する遺構の多くがこの時期に属すると考えられる。

庭園の調査では、改修やつくり替えを確認できず、作庭時期を断定する知見も確認できなかった。しかしながら、堀内地区のⅡA期の建物群（b群）とⅡB期の建物群（a群）は重複しており、建て替えがおこなわれたと考えられた。このため、庭園もⅡA期から計画的に配置されていたものと推定される。

堀外地区はさらに道路や掘立柱建物、柵列などによって方形に敷地を区切られ、館に必要な施設を計画的に配置している（図15）。堀内地区が礎石建物であるのにたいして、堀外地区は掘立柱建物で構成されている。これは身分の差があらわれている可能性がある。

図14●堀内地区の礎石建物検出のようす（1994年度調査）
径50㎝ほどの円形の河原石が建物の礎石で、それらが整然とならぶことから、規模の大きな礎石建物であることがわかる。

門前区画では、西堀に平行に南北方向にのびる六メートル幅の道路を設け、これに直交する主軸で建物や柵列、道路によって、主門前と脇門前、西堀南端部前の三つの区画に分けている。主門前区画と脇門前区画の境にも柵列を設け、主門前にある掘立柱建物は家来が館の出入りを見張る宿直屋《とのいや》であろう。

西堀南端部前と脇門前は広場になっている。馬に乗って犬を追い、弓矢で射る犬追物《いぬおうもの》や標的を置いて弓矢で射る的射《まとい》などの武術の訓練をする場、また儀式をおこなう場だったのだろう。

工房区画は柵列と道路によって三区画に分かれる。各区画には掘立柱建物、竪穴建物、広場を組み合わせが認めら、それぞれが一つの作業場として機能していたようである。

ⅡB期：館を建て替えて整備した時期

館は一五世紀末に建て替えられ、一六世紀前

図15● 堀外地区で掘立柱建物を確認（1995年度門前地区調査）
深さ30cmほどの柱穴がならんでいる。堀内地区が礎石建物なのにたいして、堀外地区は掘立柱建物で構成される。

半まで機能する（図16）。堀内地区、堀外地区ともに建物の配置はⅡA期と重複するため、主軸方位は少し異なっているが、建物配置はⅡA期から継承されたと考えられる。

南堀はこの時期に新堀につくり替えられた（図17）。西堀の主門前の薬研堀も一部埋まっていたものを掘り直している（図18）。

北堀にも土塀がともない、ⅡA時期の基底部石列を再利用している。西堀でも土塀構築の際の作業用の柱穴がⅡA期のものと重なり合うことから、ほぼ位置を変えずに全体的に改修したと考えられる

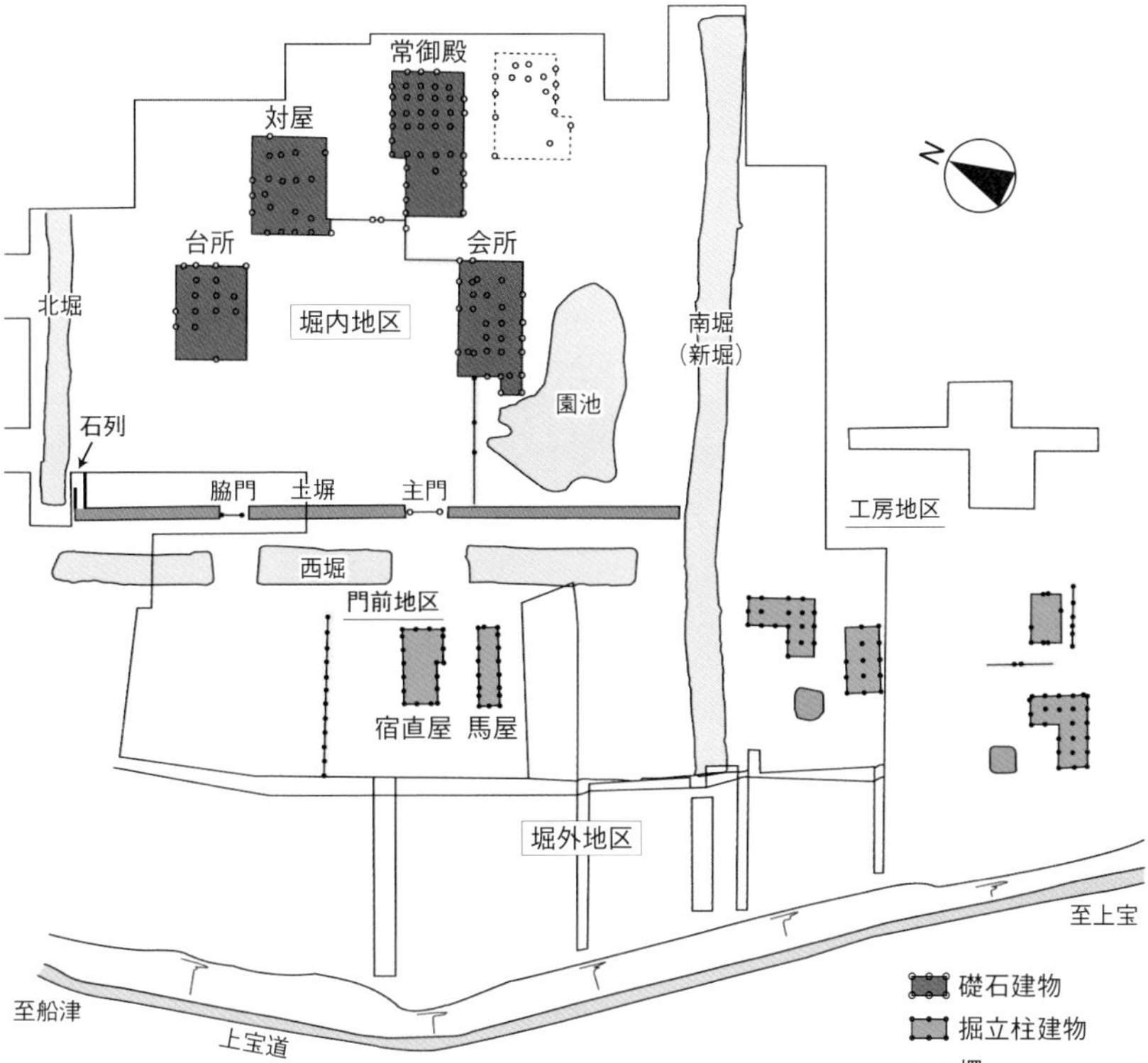

図16 ● 下館ⅡB期の遺構図
主軸方位がそろった建物が整然とならぶ。建物配置はⅡA期から継承されたと考えられる。図2・7にみられる復元はこの時期の遺構をもとにおこなった。

図17 ● **南堀**（1994年度調査）
新旧2本の堀が重なり合う。左側の旧堀から右側に軸をずらして新堀を掘り直している。

図18 ● **西堀薬研堀**（1995年度門前地区調査）
主門の両脇の西堀は逆三関係の形状となる。上幅・深さは3mあまり。

（図19）。

堀内地区の礎石建物跡は四棟確認できる。研究史をふまえ、これまでの中世武家館の配置から検討すると、脇門正面にある建物は食事をつくるだけでなく家臣が控えるなどした台所、主門の正面でもっとも奥まった位置にある建物は主人がふだん居住していた常御殿《つねごてん》、その北隣には主人の妻や子らがいたとされる対屋《たいのや》、庭園に隣接する建物は客人をもてなした会所であったと考えられる。

堀内地区の南西隅部に位置する庭園は、土層のつながりから、この時期に会所建物とともに完成したと判明した。庭園には東西約二七メートル、南北約一二メートルの東西に長い不整楕円形の池がある。池底に水を貯めるための造作は確認できなかったので、常時水を貯めてはいなかったのであろう。長径一メートル以上の大きな庭石を大量に配置して

図19 ● 西側土塀にともなう柱穴列
一列にならぶ柱穴列。間隔が一定でないため作業用の柱と考えられる。
柱穴が重複するのは改修があったからかもしれない。

おり、力強く立体的な空間を演出していたと考えられる。

　庭園の造成土からは墨書土師器皿がみつかっている（図20）。皿二枚を一セットにして、内側には方向・数字・色などを組み合わせた文言を記し、外側には「南」と書かれていた。脇門前では「西」と書かれた皿がみつかっていることから、本来は東・北・中央にも存在し、館の完成に際して館内の五カ所に墨書土師器皿を埋納し地鎮をおこなったようである。

　堀外地区の門前区画では、主門前区画と脇門前区画の境に柵列を設けて区画している。主門前区画には、家来が館の出入りをみはる宿直屋、その南側には細長い形状から馬を停めていた馬屋と推定できる建物が確認できる。

　工房区画では、建物が建て替えられてい

図20 ● 庭園で出土した墨書土師器皿
土師器皿が上下合わせの2枚セットで埋納されていた。上の土師器皿には方向が書かれており、これまで脇門横から「西方」が、庭園から「南方」がみつかっている。

るが竪穴建物が存在することから、ⅡA期に引きつづき工房であっただろう。

Ⅲ期：館が廃絶した時期

その後、一六世紀中ごろになると出土遺物が激減する。館を他所に移したものと考えられている。

第2章でみたように一六世紀末は、戦国時代のなかで江馬氏が領主ではなくなる時期である。戦乱のために館の移転したのか、西堀は人為的に埋められている。北・南堀も自然に埋まりつつあったようである。ただし、かつての堀外地区では、竪穴建物跡などを確認でき、館廃棄後も作業場などとして使われていたようである。

出土遺物の概要

以上のように下館は変遷しているが、これまでの調査で約七六〇〇点の中世遺物が出土している。

国産の土器・陶磁器では、土師器皿、瓦器《がき》、珠洲焼《すずやき》、八尾焼《やおやき》、常滑焼《とこなめやき》、瀬戸美濃焼《せとみのやき》などが出土している。土師器皿は「かわらけ」ともいい、当時の酒器である。会所での宴席や饗応の席で用いられたものであろう。瓦器、珠洲焼、八尾焼、常滑焼、瀬戸美濃焼は日常の食器や貯蔵具、調理具として使われていたものであろう。

中国製の陶磁器である青磁《せいじ》、白磁《はくじ》、青白磁、青花《せいか》、天目茶碗《てんもくちゃわん》なども出土している（図21）。

天目茶碗、青磁・白磁の碗などは茶器として使用されたものでる。茶にかかわるものとしては風炉、茶臼などもみつかっており、会所で茶をたしなんでいたことがわかる。また、中世武家館の会所では客人をもてなすための飾りつけがなされていたようである。貿易で輸入された陶磁器類は客人をもてなすために飾りつけられていたものかもしれない。

ほかにも、武具である小刀・小札《こざね》や銅銭・飯食器などの銅製品、また書にかかわる硯なども出土している。碁石などもみつかっている。

これらの出土遺物は一三世紀後半から一六世紀中ごろまでの各時期のものだが、もっとも多いのは一五世紀代のもので、館が整備された時期と重なる。

また、これらの出土遺物は堀内地区に分布が濃密である。堀外地区出土遺物についても、

図21 ● 出土した貿易陶磁
貿易によりもたらされた青磁、白磁などの陶磁は、会所での茶や飾りつけなどに用いられたと想定される。

他所からもたらされた土層にふくまれていることから、本来の使用場所は堀内地区であったと考えられる事例が多い。おそらく堀外地区では木製品などの食膳具を使用していたのであろう。このことは場の性格や階層によって明確に使い分けがされていたことを示している可能性を指摘できる。茶器などの嗜好を示す青磁、白磁などの中国製の陶磁器類は、江馬氏が自身の権力を客人に示す威信財としての役割をはたしたのだろう。

2　武家庭園の実像

こうして江馬氏下館の変遷をつかむことができたが、江馬氏下館跡を特徴づけているのはなんといっても庭園である。

庭園の位置をもう一度確認しておくと、堀内地区の南西隅に位置し、南・西側は土塀をはさんでそれぞれ南堀・西堀と接している。そして北東側には会所建物が接する。会所建物から西側土塀までは東西にのびる板塀があり、庭園は会所からしかみえない構造となっていた。

つまり会所に入らなければ庭園を眺めることができず、これだけでも館内での庭園のとり扱いに特殊性を感じざるをえない。庭園・会所・柵列・土塀を含めた庭園区画を有することがこの館を特徴づけるのである。

発掘調査では、江戸時代末期にこの地を耕地化するために庭園が壊されていることを確認した。大半の景石が打ち割られて原形、原位置を保っていなかった。しかし、それらを除去しつつ調査を進めると、造成当時の姿がみえてきたのである（図22）。

庭園は池をもつ。最大部で東西約二七メートル、南北約一二メートルの東西に長い不整楕円形をしている。園池中央からやや西寄りに、地山を掘り残した高まりを確認した（図23）。中島の基底部と考えられる。最大部で東西一二メートル、南北六メートルで、園池本体と同様、東西に長い不正楕円形である。その北西側には原位置を保つ大きな景石があり、二つの岩島があった。池底には水を貯めるための造作が確認できず、導水路・排水路も確認できなかった。このため、常時水を貯めた池ではなかったと考えられる。

図22 ● 庭園跡の検出状況
原位置を保っていなかった庭石を除去した状況。長径が1mを超える石材も多く、大きな石組をもつ、力強い庭園であったことがわかった（2000年12月撮影）。

図23 • **中島**
中央の立石は庭園の中央にある2m近い巨石で、会所の西側から庭園を眺めるともっとも目立つ立石である。

図24 • **東側汀線の立石**
奥の傾いた立石は庭園の東側にある2m近い巨石で、会所の東側から庭園を眺めるともっとも目立つ立石である。

景石に使用している石材は、岐阜県北部から富山県南部にかけて広く分布する岩体である船津花崗岩で、長径六〇センチ〜二メートル近くの大型のものが多い。要所にはこぶし大から長径三〇センチ程度の青灰色のホルンフェルスも使用している。この石はこの地域でもっとも古い岩体を形成している岩石で、地元で入手可能な石材である。

こうして、原位置を保つ景石はごくわずかであり、原位置を保つ景石もその一部を打ち割られており、原形は保っていないと考えられたが、景石には長径が一メートルを超えるものも多くあり、庭園は大きな石組みをもつ、力強いものと想定された（図24）。

庭園の年代は、すでにふれたように墨書土師器皿から推定した。墨書土師器皿は、庭園の南汀部の庭石の周囲を埋めながら斜面を造成する土層を掘り込んで埋納しており、この

図25●墨書土師器
このうち2枚が庭園の造成土からみつかった。館が完成する際に埋納されたのであろう（飛騨市指定文化財）。

土師器皿の年代から、庭石の据えつけは地鎮遺構よりも古いことがわかる。墨書師器皿の年代は一五世紀末から一六世紀はじめのものと考えられるため、庭園はこのころに完成したと考えられる（図25）。

これもすでにふれたように、一五世紀後半は、応仁の乱を契機に京の文化人が戦乱を避けて全国各地へ流れることにより京文化が広がった時期である。江馬氏による庭園も、こうした歴史的背景をもとに整備されたものと考えられる。

3　館で示す武家の権威

江馬氏下館と武家館

一五世紀半ばごろまでに武士の館にはほぼ共通した定型ができあがり、当時は西と南がハレの方角であったと考えられている。江馬氏下館も西側に深い堀や土橋と門が二カ所あり、さらに南西隅に庭園を配置しており、西を正面としていたことがわかる。では、定型化された館でどのような武家儀礼がおこなわれていたのであろうか。

一六世紀初頭から江戸時代にかけて、京の市街と郊外の景観と風俗を描いた何種類かの『洛中洛外図屏風』には、室町将軍邸や細川管領邸などの館の風景と居住者、出入りしている人びとが描かれている。それらをみると道に面して堀があり、土塀でかこんで主門と脇門がある。そして江馬氏下館もまさにそのような建物配置になっている。

まず脇門を入ると、台所、つづいて主殿あるいは対面所のような建物を確認できる。江馬氏下館においても脇門から入って正面に建物があり、台所と考えられた。台所の北東側の建物は台所に付随する対屋であろう。一方、主門正面の奥まった建物はもっとも大きく、主人が生活した常御殿と推定した。庭園に面した建物は会所であろう。

門内の空間は、機能の差違により分離するため、目隠しなどの目的で塀や柵で区画し、動線の分離を図っていたと想定される。江馬氏下館跡でも、遺構としては確認できなかったが、建物の性格づけとともに塀や柵列によりその空間をさらに細分していた可能性もあろう。

このように絵画資料や文献資料により知られていた中世の武家館の構成が、江馬氏下館の発掘調査によって実証されたのである。

江馬氏下館の空間利用

一五世紀後半の禅僧で歌人の万里集九《ばんりしゅうく》は、江馬氏の館で「満盤の風味、江湖に置く」と池のある庭を眺め、皿いっぱいのご馳走のもてなしを受けたと著作『梅花無尽蔵《ばいかむじんぞう》』に書き記している。この館はこのような客人の応接や饗応に使用されたのであろう。

庭園に近い主門は主人、重要な客人の出入りのみに使用したのであろう（**図26**）。主人は、渡り廊下を通って常御殿から会所の儀礼的な室（主殿に相当する室「書院」、主人の居間）と庭に面した座敷（接客の間「南主座敷」）へむかったと想定される。客人は、主門から館内に入り、会所北側の入り口から内に入ったのであろう（**図54参照**）。

使用人は脇門を使用したと考えられる。そして台所、対屋から会所へ行く場合、広場を横切り、会所北側の広縁や納戸（武者隠し）、控えの間（遠侍《とおざむらい》の室）などから部屋へ出入りしたものと想定される。また、渡り廊下を通って、建物伝いに移動する動線も想定できる。

このように、客人は主門から会所へ、従者は台所から会所へ、主人は常御殿から会所へという動線が想定される。また、それぞれは塀で目隠しされ、動線の分離が図られていたのであろう。

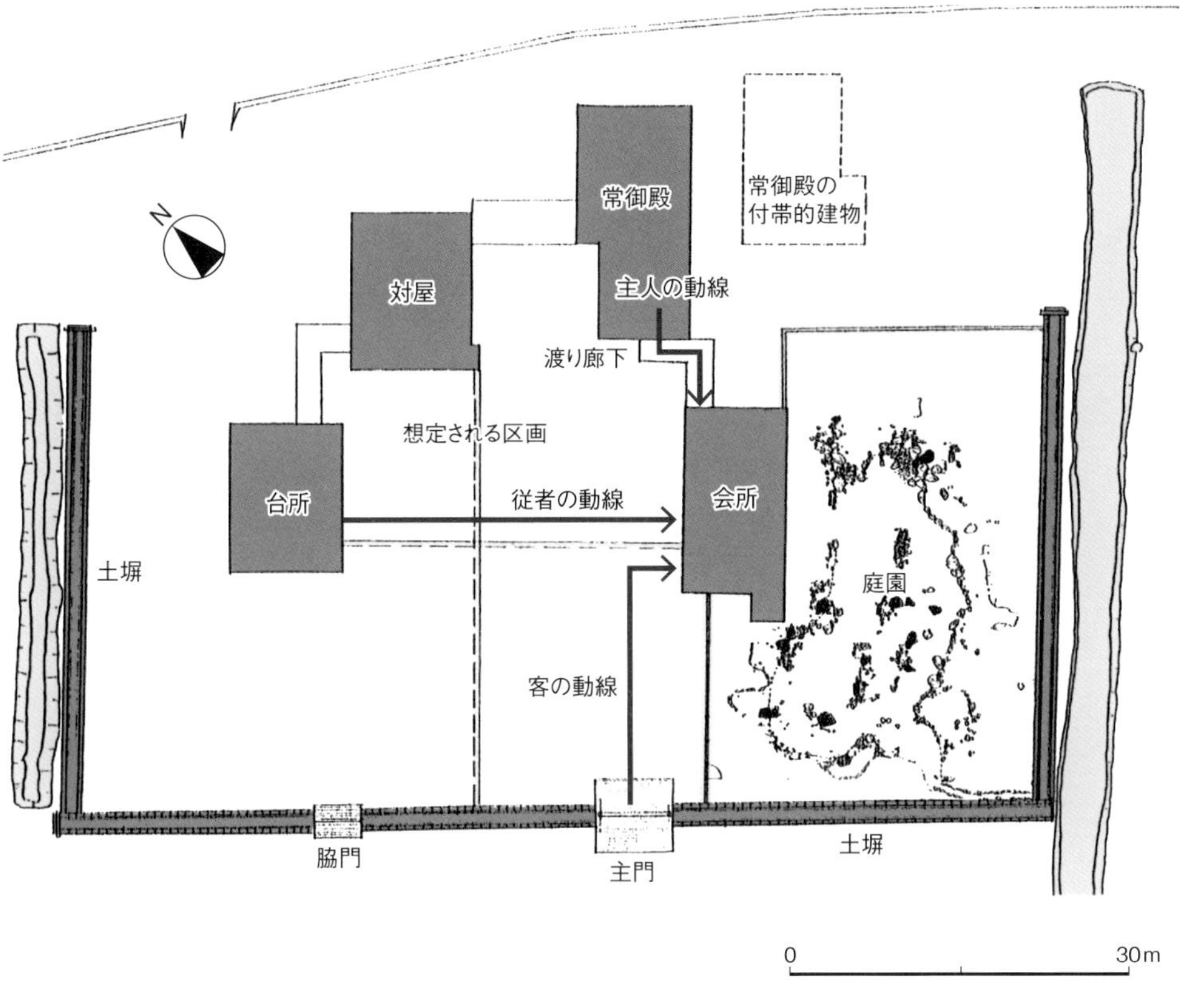

図26 ● 堀内地区の建物の性格と空間構造
客人は主門から会所へ、主人は常御殿から会所へ、従者は台所から会所へ移動した。
塀などによって、客人・主人・従者の動線は区切られていたと想定できる。

庭園区画の室礼で示す権威

室町時代の座敷飾りの秘伝書『君台観左右帳記《くんだいかんそうちょうき》』(「君台」は将軍の御座所の意)に「室礼《しつらい》」という座敷飾りの原則が示されているが、それによると庭園を眺める会所では陶磁器などを飾ったようである。江馬氏下館の会所でも座敷に軸絵をかけ、茶道具や書道具、香道具などをならべたと推測される(図27)。

館の主人は客人と対面のあいさつを終えると、めずらしい道具などをみせ、自慢話でもしたのだろうか。その後、庭園に面する座敷に移り、お膳である三方《さんぼう》や折敷《おしき》にご馳走をならべ、客人をもてなしたのだろう。

こうして江馬氏は、会所で庭園を眺めての応接や饗応により武家としての権威を示していたものと考えられよう。

図27 ● 出土した天目茶碗
茶道具として用いられ、座敷に飾られたものかもしれない(高さ6.8cm)。

第４章　北飛騨支配の実像

1　中世武家の領域支配とは

江馬氏城館跡が国史跡に指定された理由の一つは、盆地をとりかこむように配置された山城群が「群として機能していた中世城館の形態をよく示す」ことである。さらに近年の調査研究により、下館には背後の高原諏訪城跡に加え、周辺の中世集落、隣接する中世山寺の存在が明らかとなっている。本章では、下館を中心に城・集落・寺を集中させ、この盆地を守るために山城を配置した、江馬氏の領域支配の実像をみていこう。

ここでいう領域支配とは、江馬氏が自身の実力で、ある一定の地域を治めることをいう。江馬氏にかかわる文献からは、幕府の有力者とつながりをもつことで自身が管轄する理由に御墨付きを得ていたと知られるが（表1参照）、実際には山城などを配置し、独力で神岡町一帯を支配していたのである。

江馬氏がこの領域で制していたものとして、鉱山資源・森林資源をあげることができる。近代以降、一時は東洋一の規模を誇った日本有数の亜鉛鉱山である神岡鉱山は、江馬氏の後に飛騨を統治した金森氏の家臣である茂住宗貞《もずみそうてい》が鉱脈を発見したと伝わる。中世以前の記録はないものの、おそらく江馬氏がこの地を支配する経済基盤となっていたのであろう。

また、森林資源も江戸時代に天領になった後の記録や杣道《そま》具類が現在まで伝わるが、その前段階の中世においても、江馬氏が活用していたことは大いに想像されよう。

なお、地元では下館とともに山城の顕彰が古くからなされていた。下館背後の山上の一本松が立っている山を「江馬の殿さまの城山」として伝え、戦前には「諏訪城跡」として県史蹟に指定していた。

さらに戦後、一九五八年には「江馬城跡」（高原諏訪城跡と下館跡）が町史跡に、支城群についても、一九六二年に寺林《てらばやし》城跡、政元《まさもと》城跡、洞《ほら》城跡、杏子《あんず》城跡（石神《いしがみ》城跡）の四城が町史跡に指定された。いずれも早い時期から町民にとって大事な遺跡と認知されていたのである。

そして一九八〇年三月に国史跡に指定された際に、下館の発掘調査成果に加え、周辺に山城を構築していたことが評価され、調査は周辺の山城跡群にもおよんだのである。

指定対象となった城は、高原諏訪城、土《つち》城、寺林城、政元城、洞城、石神城である（図28）。近世以降の地誌や伝記に江馬氏もしくはその家臣の城という記載があること、曲輪《くるわ》などの城郭遺構が現地にみられること、主要街道との位置関係から下館と密接なつながりが考えられることを基準に、江馬氏の山城と認定した。

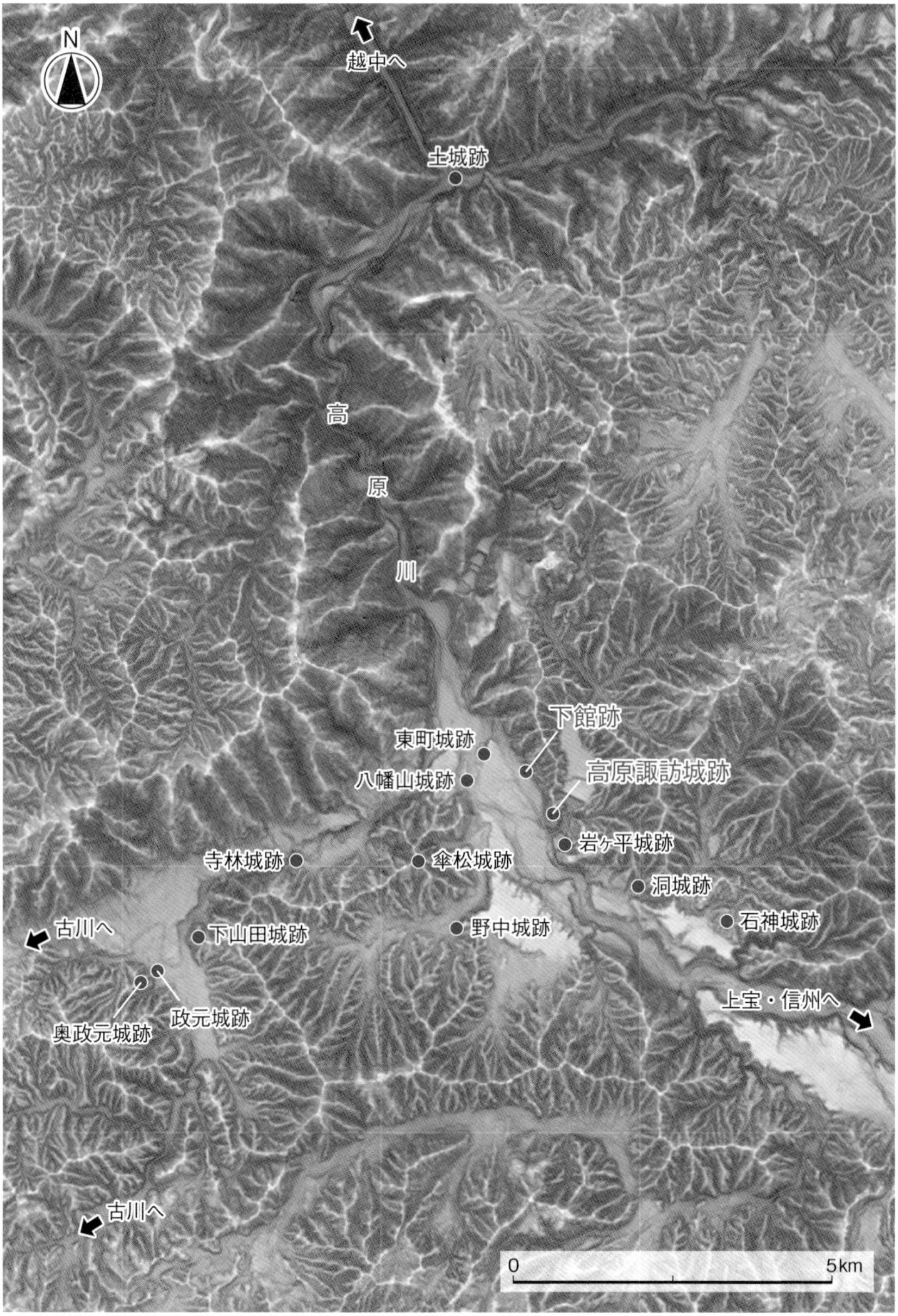

図28 ● 高原諏訪城と山城群
居館の下館、本城の高原諏訪城跡を中心に、そこに出入りする河川と街道沿いに山城群を配置する。群として機能していた中世城館の形態をよく示すとして史跡に指定された。

2　本城・高原諏訪城

立地と縄張り

高原諏訪城は下館の背後に立地し、中世高原郷の中心地である殿段丘をみおろす。その立地から江馬氏の本城と伝わっている。主郭《しゅかく》に立つと、殿段丘の北東端に位置する東町《ひがしまち》城、遠くは高原川対岸の越中街道まで眺望がきく（図29）。

江戸時代の一七二八年、天領飛騨の代官、長谷川忠崇《ただたか》が著わした地誌『飛州志《ひしゅうし》』にくわしい縄張《なわば》りが掲載されている（図30）。現在は主郭と理解されているもっとも広い人工的な平坦地である曲輪、主郭の周囲にめぐる平坦地の帯曲輪《おびくるわ》、敵の移動を鈍らせる堀切《ほりきり》などが記されている。また、一八七三年（明治六）に完成した飛騨地方地誌『斐太後風土記《ひだごふどき》』にも、江馬氏が高原諏訪城を築城したとの記述がみられる。これらから、古くから江馬氏の城跡として地元で認識されていたことがわかる。

史跡指定時の調査で詳細な測量図が作成された。この測量調査によって、主郭周辺に曲輪だけでなく土塁や堀切なども多く発見された。また、主郭からはなれた北尾根においても稜線上の尾根が四方から集まる頂上部分で見張所か連絡所と推定される曲輪を発見し、北尾根の北端の曲輪が「南端の本丸、出丸に匹敵する規模」であり、「両隅に二ヶ所東西に竪堀《たてぼり》を設けている」（神岡町教育委員会『江馬氏城館跡発掘調査概報』）ことがわかった。そしてこの詳細測量により、一・六キロにおよぶ広大な城域を認識できるようになった（図31）。

高原諏訪城の評価

こうした縄張りのあり方から、高原諏訪城の年代と性格をはじめて提示したのは城郭研究者の千田《せんだ》嘉博《よしひろ》さんである。千田さんは、主郭周辺の縄張りを図示し、一六世紀半ばを中心に一部後半にかけて改修されたと想定した。また、北尾根に連続する城郭遺構を、権力者が高所から遠方を見張るなどをした砦と理解して、個別の機能をもった城と考え、南北朝期まで築城がさかのぼる可能性に言及した。

また、岐阜県教育委員会主体で実施された岐阜県中世城館跡総合調査で、高原諏訪城調査を担当した城郭研究者の佐伯哲也さんは、外敵が尾根筋から侵入するのを防いだ堀切と斜面を横移動するのを防いだ竪堀のセットの使用のあり方などから、主郭周辺を戦国末期の構築と考えた。また、連続

図29 ● 高原諏訪城からの眺望
下館を見下ろし、東町城跡や高原川対岸の越中街道を遠望する。

する北尾根遺構の縄張り図を記し、高原諏訪城との親密性がうかがえるが、主郭周辺より一世代古い遺構と想定した。さらに近年、佐伯さんは、主郭周辺は下館が廃絶した一六世紀中ごろに構築された可能性を想定し、それを機に山上へ居住地を移したと考えた。また、北尾根遺構は、他の城郭遺構との比較から、一六世紀前半に戦《いくさ》の際に立てこもる詰城として築城されたと考えた。

このように地表面に残る痕跡を読みとる縄張り研究が主流となって、高原諏訪城の検討が進められてきた。

主郭と副郭

以上のような先行研究に学びつつ、降雪前の晩秋と雪解け後の早春の下草が少ない時期に現地を踏査した。その結果、主郭周辺とそれに連続する北尾根とで遺構がまとまってい

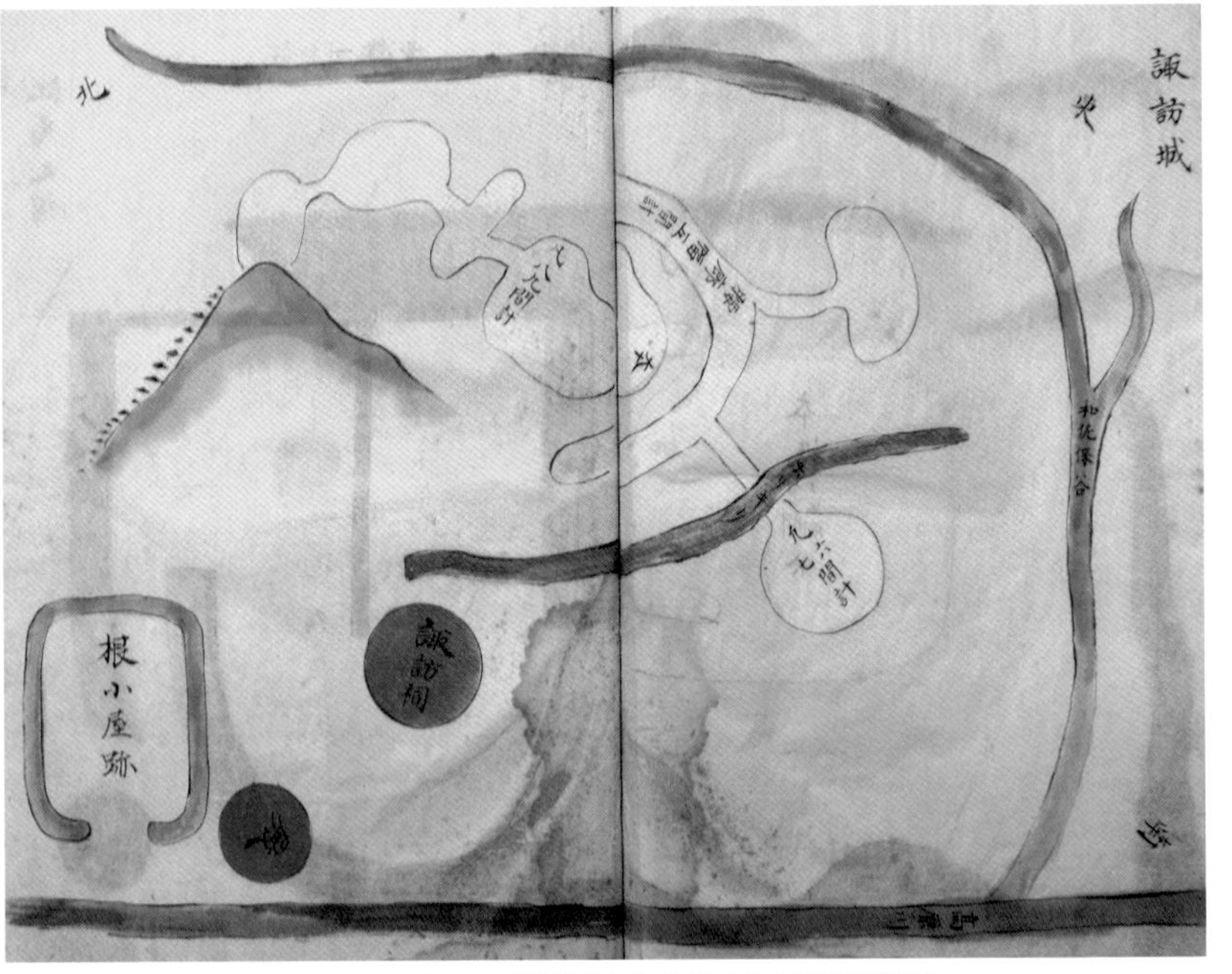

図30●『飛州志』に掲載された高原諏訪城
主郭や帯曲輪、山麓までのびる堀切などが記されている。

る状況を確認した（図32）。

主郭は、南北三〇メートル×東西一六メートルのもっとも広い曲輪である。北・南・東には帯曲輪がめぐる。その高低差は最大二〇メートルにもおよび、土の櫓《やぐら》がそびえ立つようにみえる。

南側尾根には、六メートルの高低差を誇る堀切を越えて、主郭のつぎに広い平坦地である副《ふく》郭《かく》がある。副郭へは横堀《よこぼり》状を呈する通路が設定されており、土塁から折れて入るルートが想定できる。これが主郭から副郭へのルート設定であろうが、大規模な堀切により遮断されている。

副郭の南側には、小さい曲輪が四段連続する。それらの東側を通って副郭へ至るルートが設定されており、つねに通路を監視できる構造である。そのさらに南側はＶ字状の堀切とそれにともなう土塁および堀切に沿った三本の竪堀で遮断している。

西側の斜面には入り口になると想定される虎口《こぐち》がある。城下へ通じる登城道があった可能性があるものの、現状はブッシュと急斜面で確認できなかった。

このように副郭周辺は、主郭にくらべて直線的でないルート設定がなされるなど厳重に遮断されている。さらに副郭と主郭も堀切により遮断され、独立性が高い。

主郭から東側は二本の尾根が派生し、南側尾根は一つの曲輪のみで、谷筋に近い北側尾根に三段の曲輪があり、すべて土塁でかこまれている。曲輪には三本の竪堀がともない、先端に堀切を設ける。尾根の先端はさらに二つの小さい尾根に分かれているが、それぞれの尾根の先端にも、越中方面を警戒した小さい曲輪を配置している。

主郭北側は、小規模な曲輪と二本の竪堀をへて、堀切で遮断する。東側の竪堀は、西側より規模が大きく土塁をともなう。また、尾根が東へのびる箇所は土塁を突出させてT字状となっている。これらは東側を警戒している意識である。もっとも北は二重堀切と両竪堀により、主郭全体を防御している（図33）。これも越中方面への厳重な守りである。

北側尾根に連続する山城遺構

北側の尾根には主郭から一・六キロにわたり小規模な城郭遺構が連続している。主郭北端の二重堀切から四五〇メートルほど離れて二つの小規模な曲輪が配置され、その前後に竪堀や堀切がある。さらにそこから六五メートルほど北へ離れて三つの小規模な曲輪群が断続的につづく。

最北の曲輪の北側では主郭周辺と遜色がない規模の堀切を設けている。それより北側に城郭遺構

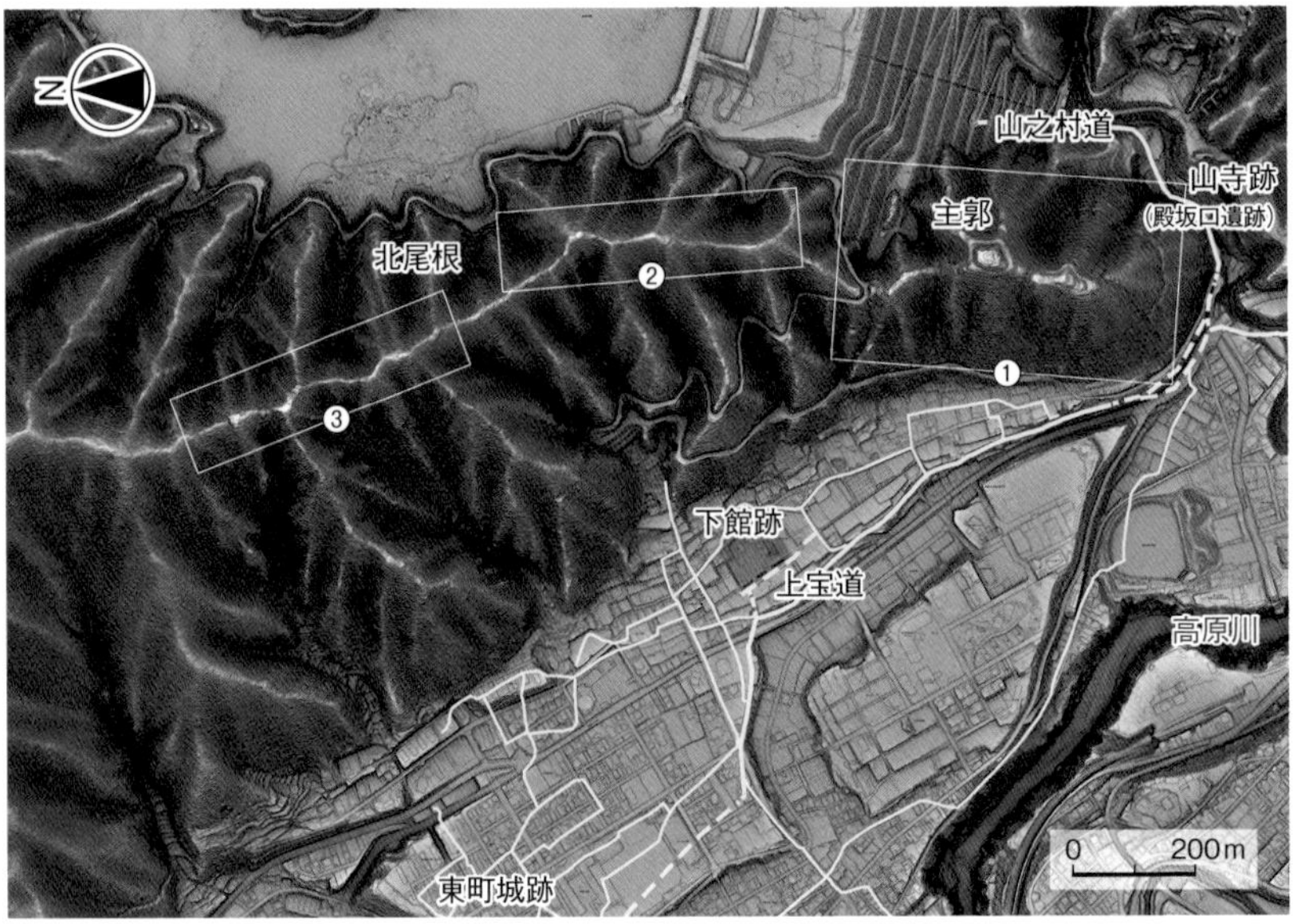

図31 ● 高原諏訪城周辺の赤色立体図
史跡指定時の測量調査により、主郭に連続する北尾根1.6㎞にわたる広大な城域であることがわかった。図32は①〜③の拡大図。

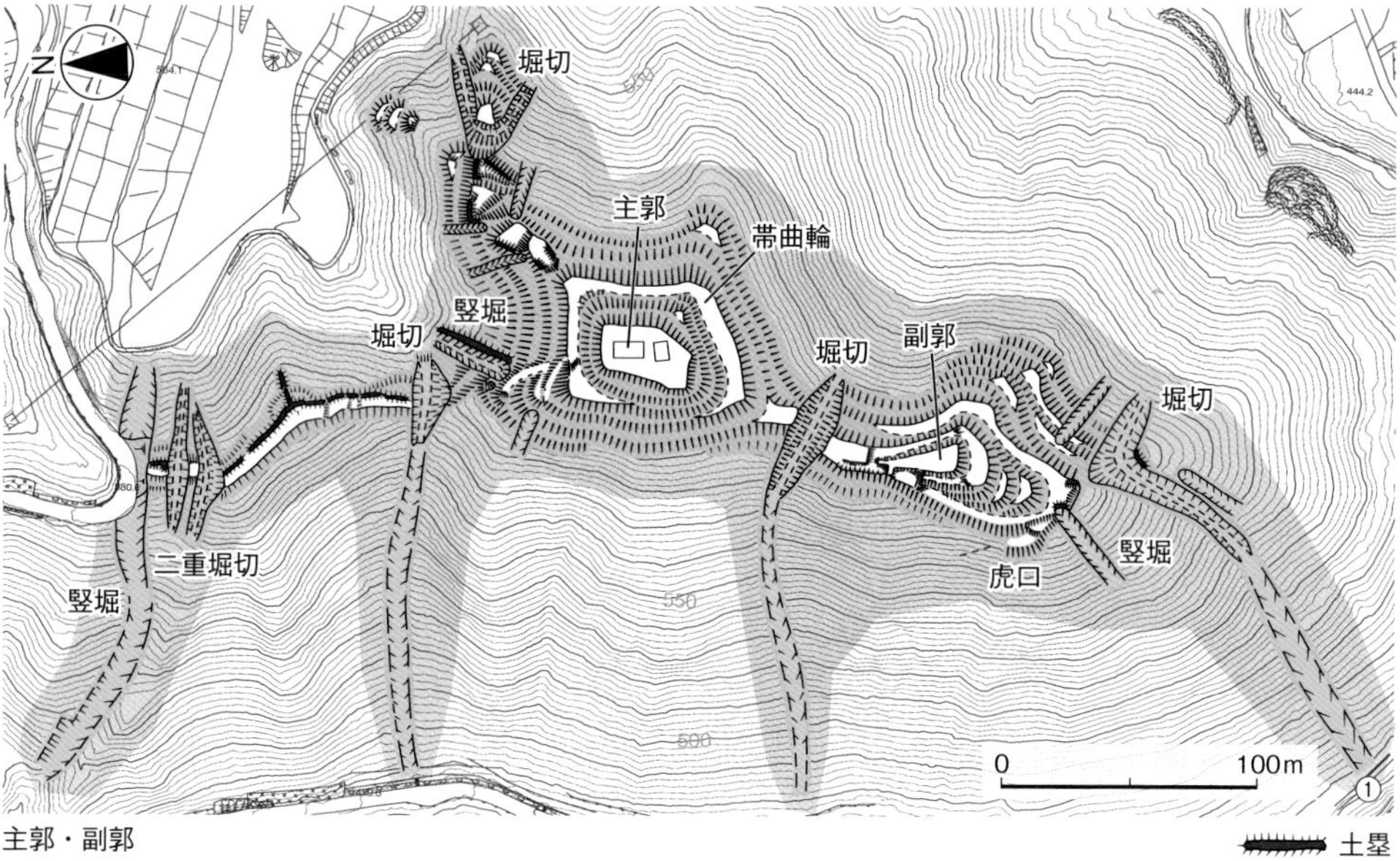

主郭・副郭

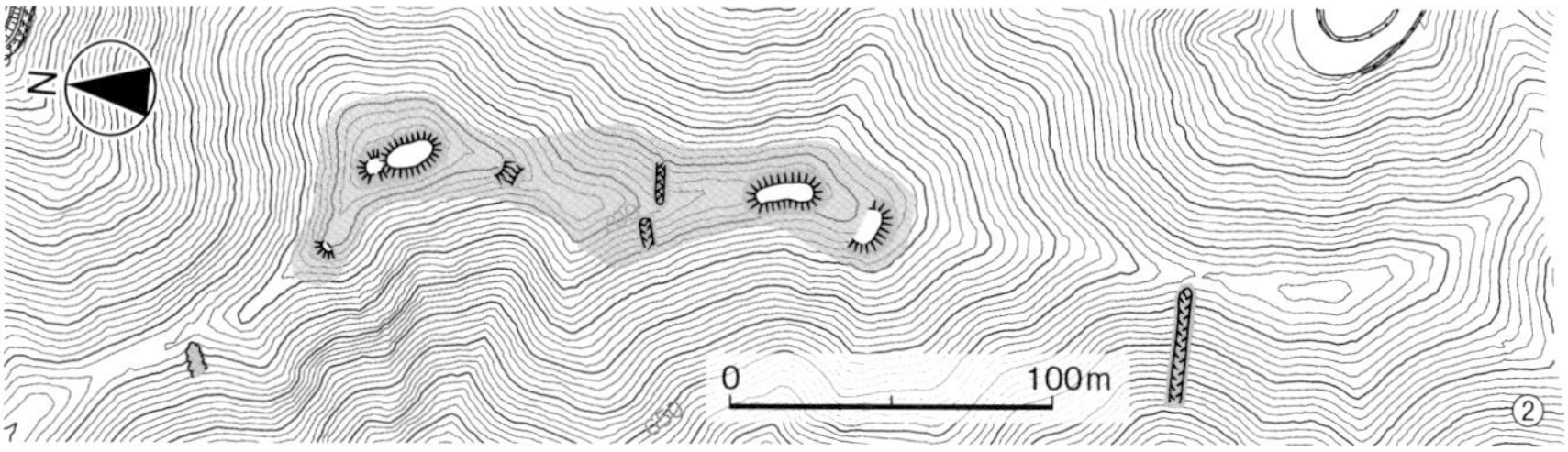

北尾根

図32 ● 高原諏訪城の遺構配置（縄張り）図
主郭は帯曲輪と高低差20mの切岸にかこまれ、とり付く尾根は高低差6mほどの堀切で遮断されるといった、主郭へ到達しにくくする防御の工夫がされている。北尾根には連続する小規模の曲輪群を配して北への備えを厳重にしている。①〜③の位置は図31参照。

は確認できなかったため、これが城域の最北端を区画するものである。この北側尾根は曲輪と堀切を組み合わせたもので、単純な遺構配置となる。

また、尾根北側は明確に遮断するものの、主郭側には明確な遮断遺構はない。北側尾根に主郭側の警戒意識が働いていないのは、自身の領域内と認識していたからであろう。

主郭の独立性を高めた山城

以上のように、最大規模の主郭を中心に北・南・東の尾根に曲輪・堀切・竪堀・土塁などを配置し、それぞれのもっとも外側を堀切および竪堀で遮断する様相が明らかとなった。この大規模な土木工事により主郭の独立性を限りなく高める手法は、石垣ではない土の城の一つの到達点を示しているといえよう（図34）。

また、北尾根周辺が曲輪・切岸・堀切という

図33 ● 主郭北側の二重堀切
尾根を横切る2つのくぼみが堀切。主郭全体を防御するもので、大きな意味で城域を明示している。

図34 ● **帯曲輪からみあげる主郭**
主郭の周囲には急峻な切岸がめぐる。このダイナミックな切岸により主郭は櫓台（やぐらだい）状にそびえ、独立性を高めている。

図35 ● **高原諏訪城の鳥瞰イメージ**
北尾根曲輪の直下に下館が位置することから、両者の関連性の強さがうかがわれる。同時期に築造されたのだろうか。

単純な構造なのにたいし、主郭周辺には土塁、曲輪に折れて入る虎口など複雑な城郭構造が明らかになった。さらに、北尾根側からは主郭側を警戒していない構造も明らかとなった。

このことから同時に築城されたものの、主郭・副郭周辺のみ改修された可能性が想定される。北尾根の遺構の直下には下館が位置する（図35）。このような立地からは、下館が整備されたⅡA期に築城され、政治的緊張が高まった一六世紀中ごろに主郭および副郭周辺を改修した可能性を想定できる。

3　館周辺に広がる集落

歴史地理的調査により段丘に広がる集落を想定

館跡の周辺における資料収集と聞き取り調査によって、近世期の字名や寺社・家屋の配置を検討し、下館がある段丘全体で四つの重要な事実が指摘されている（図36）。

一つ目は、田畑の字名に「濠端《ほりはた》」「ほり」「土井《どい》」などがみられることである。これは堀や土塀など館の名残りと考えられる。

二つ目は、上宝道沿いの屋敷地に「関屋《せきや》」がみられることである。江馬氏が関を設けていた可能性が想定できる。

三つ目は、段丘端に四つの神社があったことである。諏訪宮《すわぐう》、天神宮《てんじんぐう》が段丘南端の信州方面、白山宮《はくさんぐう》は越中方面、加茂宮《かもぐう》は館の鬼門方面に位置している。これは江馬氏が下館を中心とした

吉備の超巨大古墳
造山古墳群

巨大古墳の時代を解く鍵
黒姫山古墳

考古学
ガイドブック
小野昭

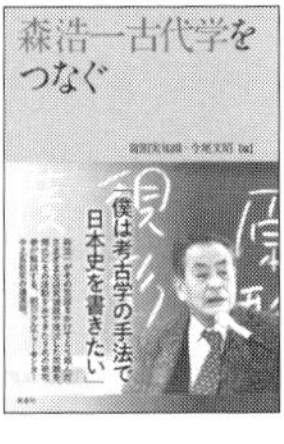

森浩一古代学をつなぐ
「僕は考古学の手法で日本史を書きたい」

シリーズ「遺跡を学ぶ」第1ステージ〈100巻+別冊4〉完結！

A5判96頁・オールカラー／各1500円+税

◆第Ⅰ期［全31冊］

セット函入46500円+税

01 北辺の海の民　**モヨロ貝塚**　米村　衛
02 天下布武の城　**安土城**　木戸雅寿
03 古墳時代の地域社会復元　**三ツ寺Ⅰ遺跡**　若狭　徹
04 原始集落を掘る　**尖石遺跡**　勅使河原彰
05 世界をリードした磁器窯　**肥前窯**　大橋康二
06 五千年におよぶムラ　**平出遺跡**　小林康男
07 豊饒の海の縄文文化　**曽畑貝塚**　木﨑康弘
08 未盗掘石室の発見　**雪野山古墳**　佐々木憲一
09 氷河期を生き抜いた狩人　**矢出川遺跡**　堤　隆
10 描かれた黄泉の世界　**王塚古墳**　柳沢一男
11 江戸のミクロコスモス　**加賀藩江戸屋敷**　追川吉生
12 北の黒曜石の道　**白滝遺跡群**〈改訂版〉　木村英明
13 古代祭祀とシルクロードの終着地　**沖ノ島**　弓場紀知
14 黒潮を渡った黒曜石　**見高段間遺跡**　池谷信之
15 縄文のイエとムラの風景　**御所野遺跡**　高田和徳
16 鉄剣銘一一五文字の謎に迫る　**埼玉古墳群**　高橋一夫
17 石にこめた縄文人の祈り　**大湯環状列石**　秋元信夫
18 土器製塩の島　**喜兵衛島製塩遺跡と古墳**　近藤義郎
19 縄文の社会構造をのぞく　**姥山貝塚**　堀越正行
20 大仏造立の都　**紫香楽宮**　小笠原好彦
21 律令国家の対蝦夷政策　**相馬の製鉄遺跡群**　飯村　均
22 筑紫政権からヤマト政権へ　**豊前石塚山古墳**〈改訂版〉　長嶺正秀
23 弥生実年代と都市論のゆくえ　**池上曽根遺跡**　秋山浩三
24 最古の王墓　**吉武高木遺跡**　常松幹雄
25 石槍革命　**八風山遺跡群**　須藤隆司
26 大和葛城の大古墳群　**馬見古墳群**　河上邦彦
27 南九州に栄えた縄文文化　**上野原遺跡**　新東晃一
28 泉北丘陵に広がる須恵器窯　**陶邑遺跡群**　中村　浩
29 東北古墳研究の原点　**会津大塚山古墳**　辻　秀人
30 赤城山麓の三万年前のムラ　**下触牛伏遺跡**　小菅将夫
別1 黒耀石の原産地を探る　**鷹山遺跡群**〈改訂版〉　黒耀石体験ミュージアム

◆第Ⅱ期［全20冊］

セット函入30000円+税

31 日本考古学の原点　**大森貝塚**　加藤　緑
32 斑鳩に眠る二人の貴公子　**藤ノ木古墳**　前園実知雄
33 聖なる水の祀りと古代王権　**天白磐座遺跡**　辰巳和弘
34 吉備の弥生大首長墓　**楯築弥生墳丘墓**　福本　明
35 最初の巨大古墳　**箸墓古墳**　清水眞一
36 中国山地の縄文文化　**帝釈峡遺跡群**　河瀬正利
37 縄文文化の起源をさぐる　**小瀬ヶ沢・室谷洞窟**　小熊博史
38 世界航路へ誘う港市　**長崎・平戸**　川口洋平
39 武田軍団を支えた甲州金　**湯之奥金山**　谷口一夫
40 中世瀬戸内の港町　**草戸千軒町遺跡**　鈴木康之

124 国宝「火焔型土器」の世界　**笹山遺跡**　石原正敏
125 徳島の土製仮面と巨大銅鐸のムラ　**矢野遺跡**　氏家敏之

●第Ⅵ期　好評刊行中！

126 紀国造家の実像をさぐる　**岩橋千塚古墳群**　丹野拓・米田文孝
127 古代地方木簡のパイオニア　**伊場遺跡**　鈴木敏則
128 縄文の女性シャーマン　**カリンバ遺跡**　木村英明・上屋眞一
129 日本海側最大級の縄文貝塚　**小竹貝塚**　町田賢一
130 邪馬台国時代の東海の王　**東之宮古墳**　赤塚次郎
131 平安末期の広大な浄土世界　**鳥羽離宮跡**　鈴木久男
132 戦国・江戸時代を支えた石　**小田原の石切と生産遺跡**　佐々木健策
133 縄文漆工芸のアトリエ　**押出遺跡**　水戸部秀樹
134 装飾古墳と海の交流　**虎塚古墳・十五郎穴横穴墓群**　稲田健一
135 ヤマト王権誕生の礎となったムラ　**唐古・鍵遺跡**　藤田三郎
136 サヌカイトに魅せられた旧石器人　**二上山北麓遺跡群**　佐藤良二
137 沖縄戦の発掘　**沖縄陸軍病院南風原壕群**　池田榮史
138 河内平野をのぞむ大型群集墳　**高安千塚古墳群**　吉田野乃・藤井淳弘
139 ドイツ兵捕虜の足跡　**板東俘虜収容所**　森　清治
140 物部氏の拠点集落　**布留遺跡**　日野　宏
141 豪華な馬具と朝鮮半島との交流　**船原古墳**　甲斐孝司・岩橋由季
142 海上他界のコスモロジー　**大寺山洞穴の舟葬墓**　岡本東三
143 東京下町の前方後円墳　**柴又八幡神社古墳**　谷口　榮
144 日本古代国家建設の舞台　**平城宮**　渡辺晃宏
145 琉球王国の象徴　**首里城**　當眞嗣一
146 大配石と異形の土偶　**金生遺跡**　新津　健
147 巨大古墳の時代を解く鍵　**黒姫山古墳**　橋本達也
148 吉備の超巨大古墳　**造山古墳群**　西田和浩

中世考古〈やきもの〉ガイドブック

浅野晴樹 著　**A5判192頁／2500円＋税**

やきものから中世史を見る。「本書に登場する「やきもの」は大半が遺跡から出土したもので、接着剤でつないだり欠けた部分を石膏で埋めたりした、つぎはぎだらけのものが多いはずです。それらは実際に当時の日常生活を支えた道具で、中世社会の〝生の実態〟を伝えているのです。」

〈目次〉口絵カラー32ページで実際に出土した中世の主要なやきものを紹介／序章　中世考古学とやきもの／第1章　中世やきものの世界／第2章　中世やきもののづくり／第3章　列島に広がるやきもの／終章　中世社会とやきもの／発掘された中世やきものがみられる博物館など

集落範囲を設定していた可能性が高い。

四つ目は、館の北東に瑞岸寺《ずいがんじ》、南に圓城寺《えんじょうじ》がみられることである。神社だけでなく寺院勢力もとり込んでいたと想定される。

以上のように、近世村落の復元作業からは、下館周辺における江馬氏の計画的な空間づくりの痕跡をうかがうことができる。

発掘調査により集落の存在を証明

一九九五年以降、史跡江馬氏城館跡指定地および周辺の江馬氏殿遺跡において、建物

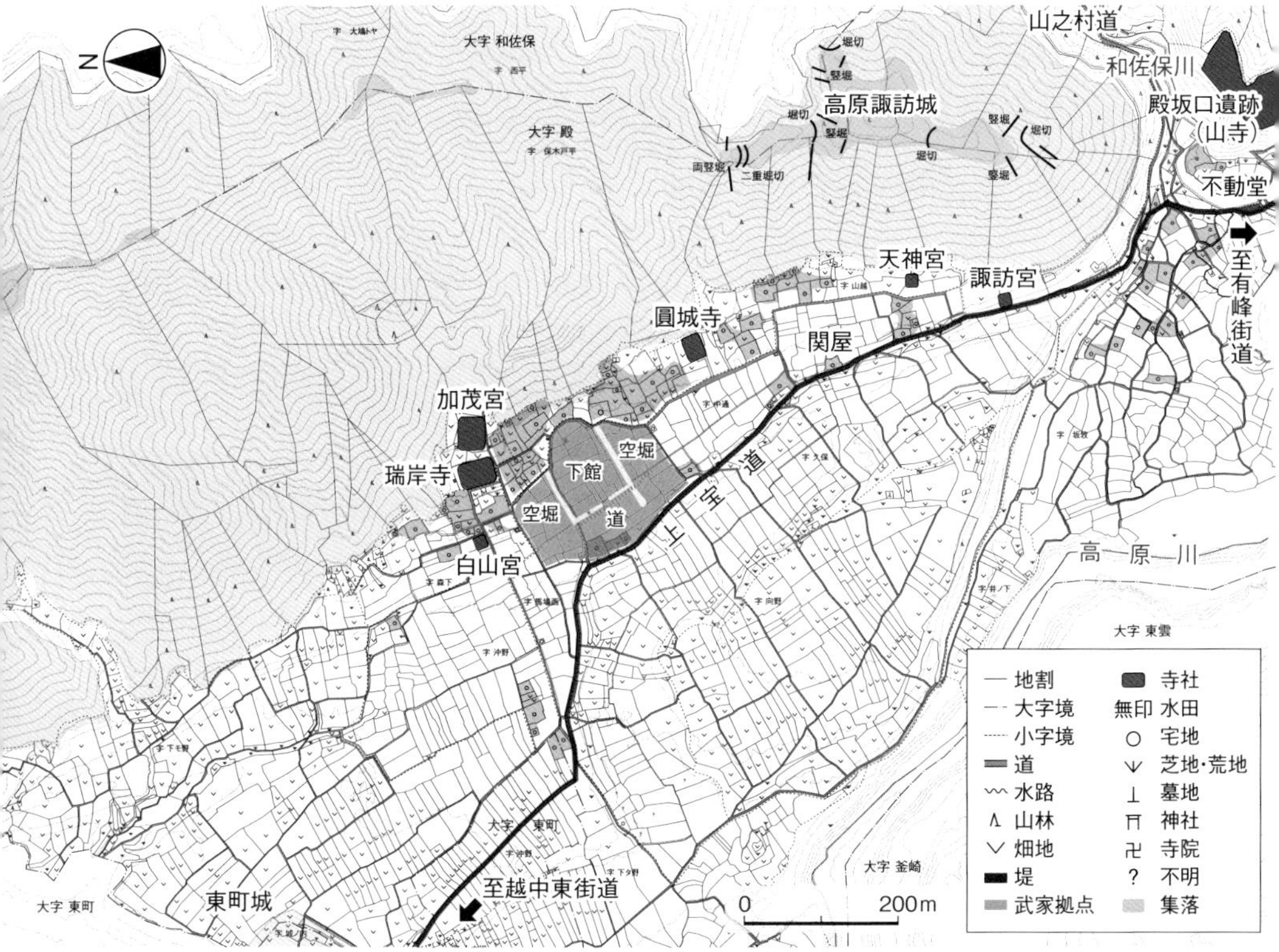

図36 ● 館周辺に広がる集落
下館のある段丘の四至に諏訪宮、天神宮、加茂宮、白山宮があり、歴史地理的調査からその範囲に集落が広がっていた可能性が指摘された。くり返しおこなわれた小規模なトレンチ調査などにより考古学的にも立証された。

建設や水道工事にともなう試掘確認調査および工事立会をおこなってきた。それらからは中世の遺構と遺物、近世の遺物の存在が明らかとなってきた。開発対応の調査が、館周辺に中世以降存続する集落の存在を証明することになったのである。

たとえば圓城寺南側の水道工事立会では、狭い調査範囲であったものの、柱穴や溝などの中世遺構が確認された（図37）。また、酒器である土師器皿、食膳具である瀬戸美濃焼の器、調理具である珠洲焼のすり鉢など館の出土遺物と同時期のものが出土した。下館に仕えていた人びとが生活を営んでいたのだろう。

みつかった土器や陶磁器の年代観から、館跡周辺に広がる集落は館が成立したⅡA期には成立していたと考えられる。また近世陶磁器も多くみつかっており、館が廃絶したⅢ期以降も集落は存続したものと想定される。

図37 ● 試掘確認調査のトレンチ
トレンチ内の円形のくぼみが中世の柱穴である。このような狭小な範囲の調査を25年にわたりくり返し実施し、段丘全体に中世遺跡が広がることが判明した。

4　隣接する山寺と城

山寺遺跡を確認

高原川とその支流の和佐保《わさぼ》川の合流点付近の河岸段丘上、国道四七一号から比高約三〇メートルの地点、神岡町殿《との》字坂口《さかぐち》に、二〇〇一年に遺物が採集されたことにより遺跡の可能性が指摘された一角がある。殿坂口遺跡である。そこから山稜八〇メートルの尾根上には岩ヶ平《いわがひら》城がある。

この二遺跡は和佐保川をはさんで北岸に高原諏訪城があるため（図36）、江馬氏との関連が想定されていた。遺跡の西側段丘下には主要街道である越中東街道と有峰《ありみね》街道とを結ぶ上宝道が通っている。さらに和佐保川北岸には越中・有峰までつづく山之村道《やまのむらみち》が通り、北西段丘下の和佐保川北岸には上宝道・山之村道や古川・高山方面につづく脇街道の分岐点を間近に望んでおり、交通の要衝に位置している（図9参照）。

当遺跡に関する中世以前の記録は確認できないが、一八七〇年に地元の結城梓さんが記した『殿村後風土記』には、「山寺之古跡」という伝承地の記載がある。

その記載は江戸時代末期から明治初期ごろの殿坂口遺跡の様子をくわしく記録したもので、立地環境に関する記載は現状ともほぼ一致する。そこからは、上壇に位置する本坊・屋敷跡伝承地の「山寺」と、末寺《まつじ》・坊舎《ぼうしゃ》伝承地の「下モ坊」があったことがわかる。山寺は宗派・寺号・寺院名が不明で、現地に石の蓮台座や石の水鉢が存在し、裏の山麓に神名不明の社と五輪塔の石が多く存在していると伝えている。

大正初期の『殿村加茂若宮神社明細帳』には、加茂若宮神社の境内社として「山神神社　祭神　大山祇神」とあり、由緒として「字山寺」の地にあった天台宗寺院の鎮護山神で、一五八二年の高原諏訪城の落城時にはすでに荒廃して神社のみ残っていたという古老の口伝を伝えている。この記録から、遺跡内に存在した社が明治末までに加茂若宮神社に合祀されたことがわかる。このように地元では、近年まで山寺という伝承が伝わっていたようである。

そのほかにも、江戸時代の史料には、「岩ヶ平山」「小字山寺」「小字下モ方」が確認でき、少なくともそのころには、この付近が「山寺」と呼称され、山寺跡と伝わっていたと推測される。近世にはすでに寺社が存在したという記録はみえないため、伝承どおりの山寺跡とすると、中世にさかのぼる可能性が想定されたのである。

山寺の構造

この山寺については二〇二〇年に『江馬氏城館跡七・江馬氏殿遺跡』で報告した大下永《ひさし》さんによる検討がくわしく、それにしたがって現地を歩く。遺跡は岩ヶ平山の尾根および山腹の河岸段丘上に位置する（**図38**）。国道から一段高い段丘に登ると、まず長大な平坦地に出る。すると一〇～二〇センチ程度盛土された幅約二メートルの直線通路につながる。通路を通って平坦地をすぎると、山際に一段高い二つの土壇《どだん》があらわれる。

土壇の一つは東西約一七メートル・南北三二メートルの規模があり、西側斜面は方形を意識

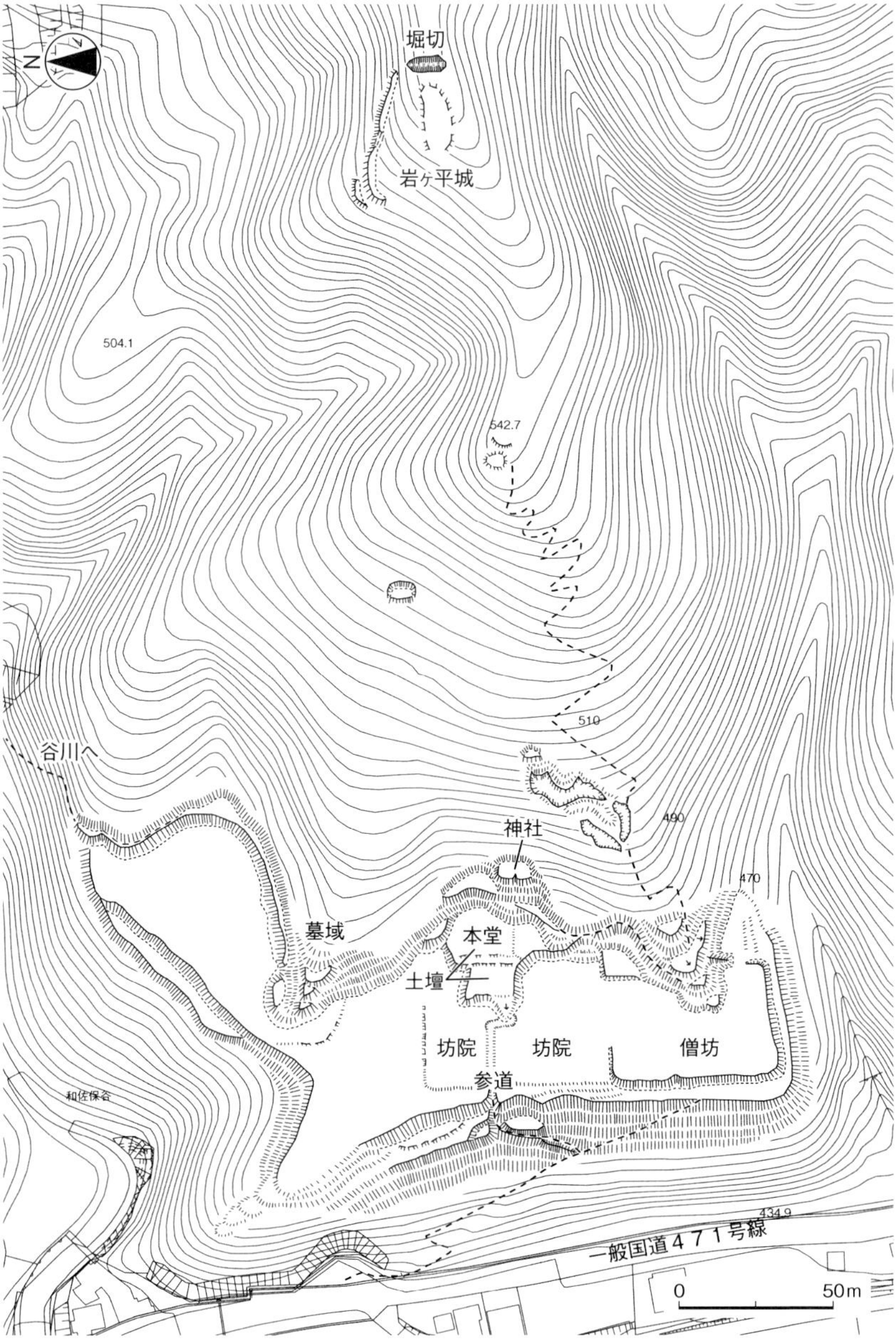

図38 ● 山寺の遺構配置
平坦地の中央に直線通路があり、その左右に広い区画を設ける。一番奥まった場所には土壇があり、さらにその奥に高まった一画を設ける。

して直線となっている。この土壇はほかの土壇にくらべて大きく奥側に位置しているため、山寺としてもっとも大切にされた場の可能性がある。周辺には川原石が点在しており、地下には礎石建物が眠るのかもしれない。また、土壇斜面にもならんでいるような石材が確認できるため、土壇中心部の斜面は石積みが存在したかもしれない。

直線通路の南北には方形区画が展開している。この区画のところどころには扁平な川原石が認められる。耕作で邪魔になって端に移動されたのだろうが、もともと礎石として使用されていた可能性があろう。

この平坦地の南側の尾根には平坦地群が存在し、岩ヶ平城跡にいたる山道がつづいている。中枢から尾根の稜線をはさんだ北東側の山腹にも半円形の巨大な平坦地が広がる。高原川支流の和佐保川を望むことができる。対岸には高原諏訪城をみあげ、越中方面につながる山之村道をみおろしている。全体的に北面しており、日当たりが悪い。

中心施設との境付近の尾根には小さい平坦地群がある。その周辺には集石が点在し、斜面には部分的に石積みが認められる。五輪塔があったとされるため、集石はその基礎の可能性がある。

山寺としての要素

これまでの研究で飛驒地域の山寺には、平坦地に寺としての機能を配置し、神社信仰の場を設け、墓域を設定し、池があること、さらに石積みを使用し、参道と通路があることなどがわかっている。

そのような諸要素を殿坂口遺跡でみてみると、高低差がほとんどない一段の平坦地が山寺としての諸機能を集中させた中枢であり、中心となる土壇の背後かつ上段に位置するもっとも奥まった場所が神社信仰の場であった可能性が高い。

また北東の奥まった区画に集石がいくつかあり、五輪塔が存在した記録も残ることから、中世には墓域であった可能性がある。

中枢となる土壇の斜面などには石積みの使用が認められる。高原諏訪城など江馬氏の山城に使用されていない石積みが使用されている事実は特筆される。

参道と通路設定もなされている。麓から中心部にいたる参道は地形に則した山道である。明確に山門は確認できないものの、土壇にむかって直線を志向した通路になっている。また、北東の区画では谷川まで通じる山際の通路状の平坦地も認められる。浄水を運搬する通路設定であると想定される。

復元される中世山寺の姿

このように殿坂口遺跡は中世の山寺であったと考えられる。では、これらの平坦地はどのように使われたのだろうか。最上段の奥まった場所に位置する土壇は、麓からの参道が直結し、山寺のなかでもっとも中心的な場所のため本堂と想定される。扁平な川原石が周辺に点在することから、建物は礎石建ちであった可能性が高い。

その上段の平坦地は石積みで護岸され、正面に出入り口を設けている。ていねいな造成や精緻な構造から神社信仰の場であったと推定される。

土壇にいたる参道の両脇の平坦地は、土壇正面にあたる位置から、重要度が高い地区と考えられる。礎石状の河原石も点在することから、坊院群の一部である可能性が高い。その南側の整然とした方形の区画は、青磁碗・天目茶碗などの遺物が採集されていることや南側の谷の水場に近いことから、より生活の色彩が強い僧坊などの施設が想定される。

中心地区と墓域をはさんで区画されている北東側の奥まったところにも平坦地が広がる。高原川支流の和佐保川をのぞみ、谷川をはさんだ対面には高原諏訪城跡と越中方面につづく山之村道が存在する。この区画からは和佐保川へ下る道も確認できる。機能としては、寺院を営む人びとの耕地、高原諏訪城と対になった街道の監視場、別の集団の場などいくつかの可能性が想定される。

このように、平坦地には山寺に相応しい本堂・神社・坊院・僧房などの施設が立ちならんでいたものと想定された。また、この山寺は江馬氏の下館跡と同時期に存在したと考えられる。

岩ヶ平城は政治的緊張が高まった段階で構築か

山寺の尾根つづきには山城、岩ヶ平城がある。山寺からの比高七〇メートルほどである。尾根筋が西にむかって分岐する地形で、麓の集落・街道をみわたすことができる。

尾根の先端に盛土の遺構が認められる。その東側の尾根沿いに平坦な場所があり、この平坦地の東側背後の尾根上に堀切が設けられている。堀切は南側にむかって竪堀状となっている。尾根伝いに来襲する敵に備えつつ、北西部で合流する主要な街道を監視し、下館や高原諏訪城を中心とする江馬氏本拠との連絡を意識したのであろう。

常住性が低いであろう構造からは、緊張が高まった時期に臨時的に使用された山城と考えられる。下の山寺廃絶後に、その構造を継承しつつ山城に転用したのかもしれない。

山寺があったのは、平垣地で採集した天目茶碗や青磁碗などから、一三世紀後半から一五世紀前半ごろと推定される。発掘調査から下館の存続年代が一三世紀後半から一六世紀前半までと推定されるため、同時期に営まれつつ約一世紀早く山寺が廃絶したと考えられる。

この山寺は山地に立地するという点で密教系の寺院であった可能性が高い。一五世紀前半ごろまでの遺物が出土した点も、一五世紀前半に飛驒地域では多くの密教系寺院の活動が低調になることと一致している。

岩ヶ平城は、下館から直接視認できない越中方面の山之村道を押さえ、上宝道・山之村道や古川・高山方面につづく脇街道の分岐点というきわめて重要な地点に立地している。山城としては単純な構造から、緊張が高まった一五世紀世後半以降から江馬氏が滅亡する一六世紀後半までのいずれかの時期に、高原諏訪城に付随する山城として江馬氏によって使用されたのだろう。

5　領域をとりかこむ山城群

下館と本城の高原諏訪城をとりかこむように、中世高原郷の主要街道と河川沿いに山城が点在することはすでに述べた（図9・28参照）。これらの城は江馬氏の支配下にあり、領域を守るために設けられたものと考えられる。つぎは、これらの山城群について詳細にみていこう。

北の押さえ、土城

下館から北に離れた神岡町牧《まき》、高原川と跡津《あとつ》川の合流点の岩山である牛首城山《うしくびしろやま》に土城がある（図39）。越中東街道と信濃（有峰）街道を結ぶ脇街道である有峰道は、この城の麓で分岐して大多和峠をへて富山方面の有峰までのびる。

土城は越中街道を押さえるとともに、越中方面を監視する立地となっている。江馬氏との関連が伝えられる富山市大山町の中地山城と連絡する役割もはたしたのであろう。別名、鬼ケ城《おにがじょう》ともよばれ、江馬氏の重臣である川上家が在城したと伝わる。

岩山が天然の要害であり、城郭遺構としては山頂部に上下二段の曲輪が認められる。なお、神社の所有地があり、現在祠などはないが、近世以降は社地として利用された可能性がある。

古川方面の押さえ、寺林城

下館より西方、神岡町寺林、玄蕃山《げんばやま》の山頂には寺林城がある（図40）。神岡の主要街道であ

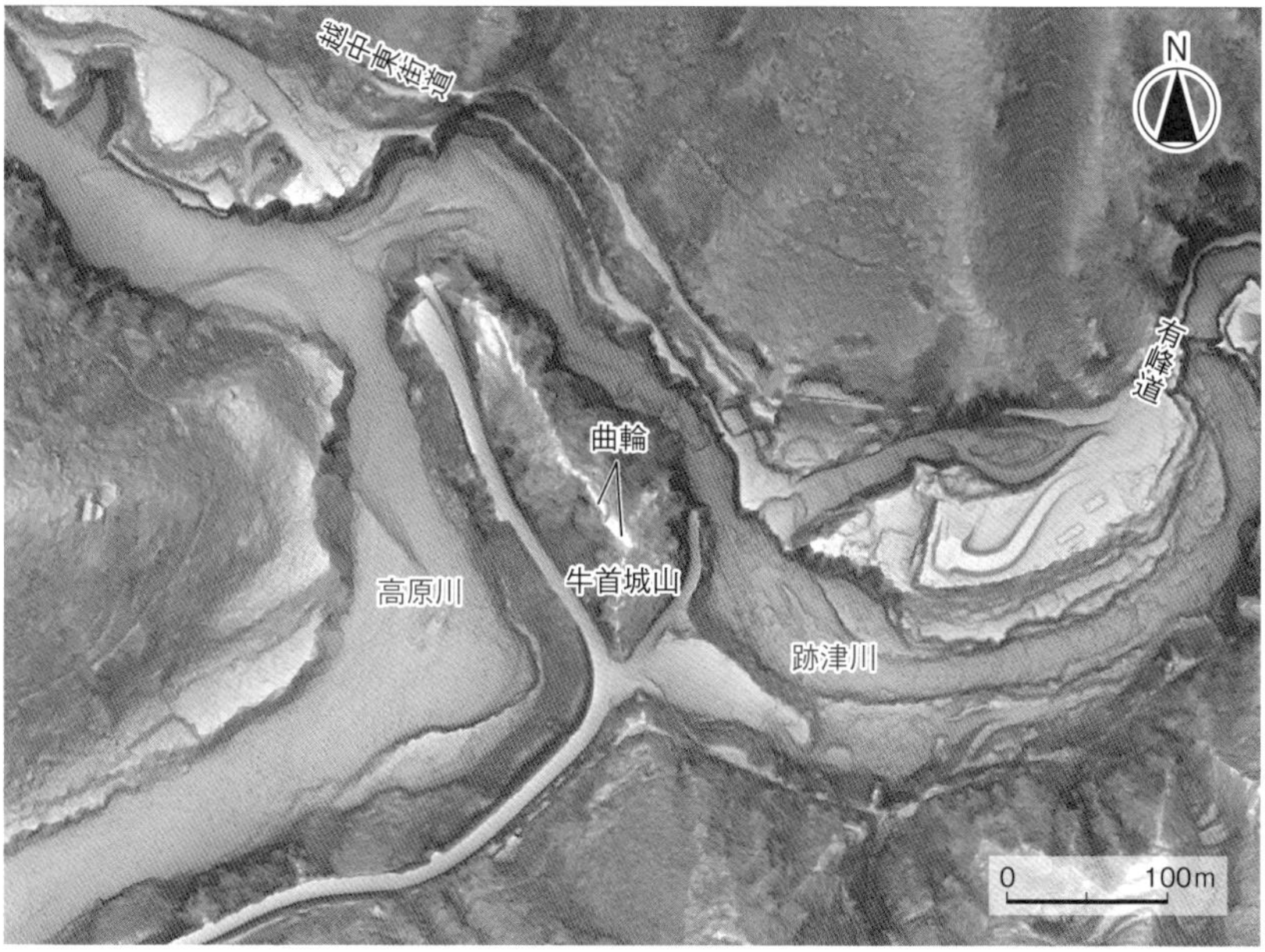

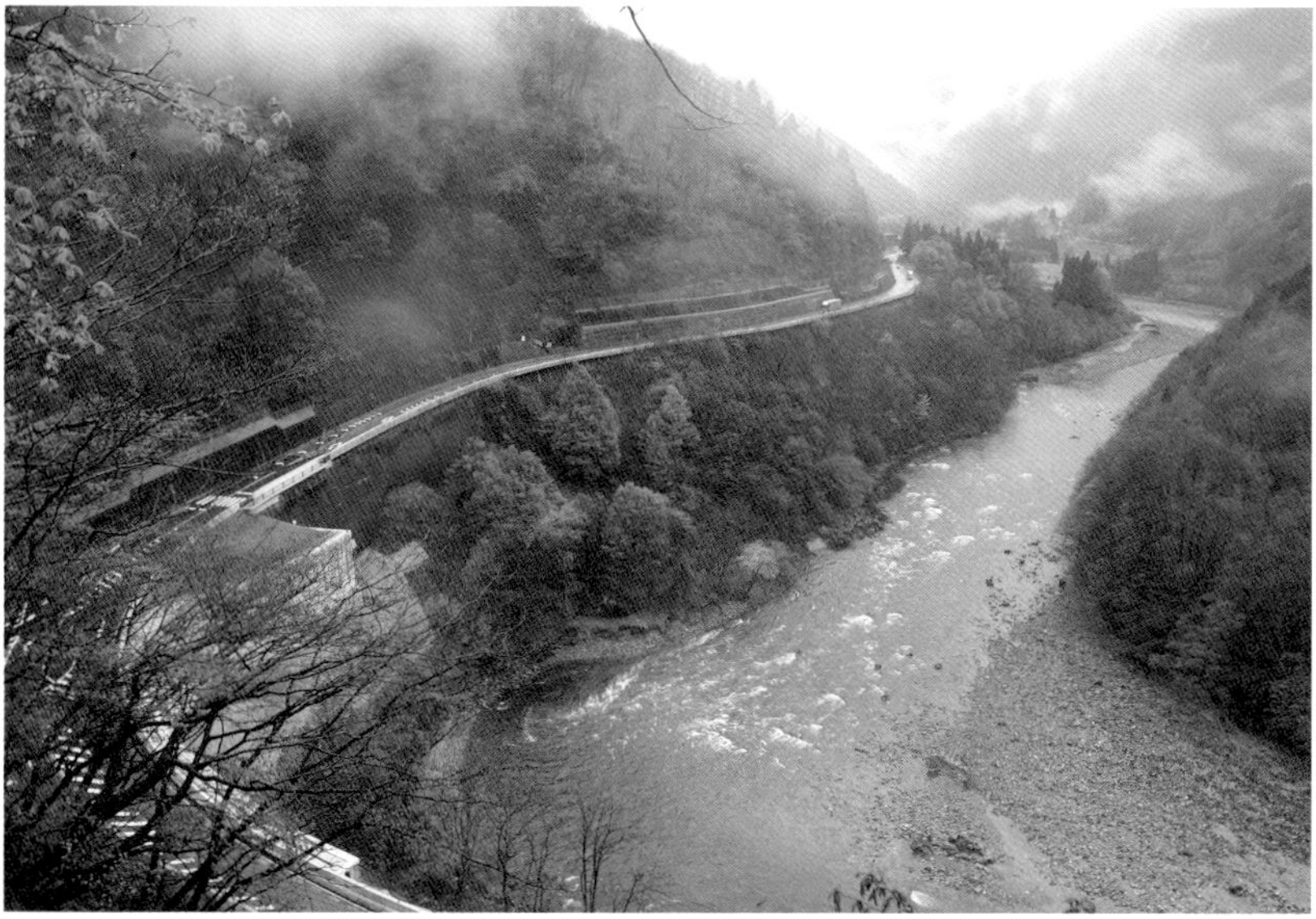

図 39 ● 土城

上：赤色立体図。高原川とその支流跡津川の合流地点の絶壁に城が築かれる。下：土城の曲輪から神岡方面をみる。高原川沿いの街道を監視できたことがわかる。

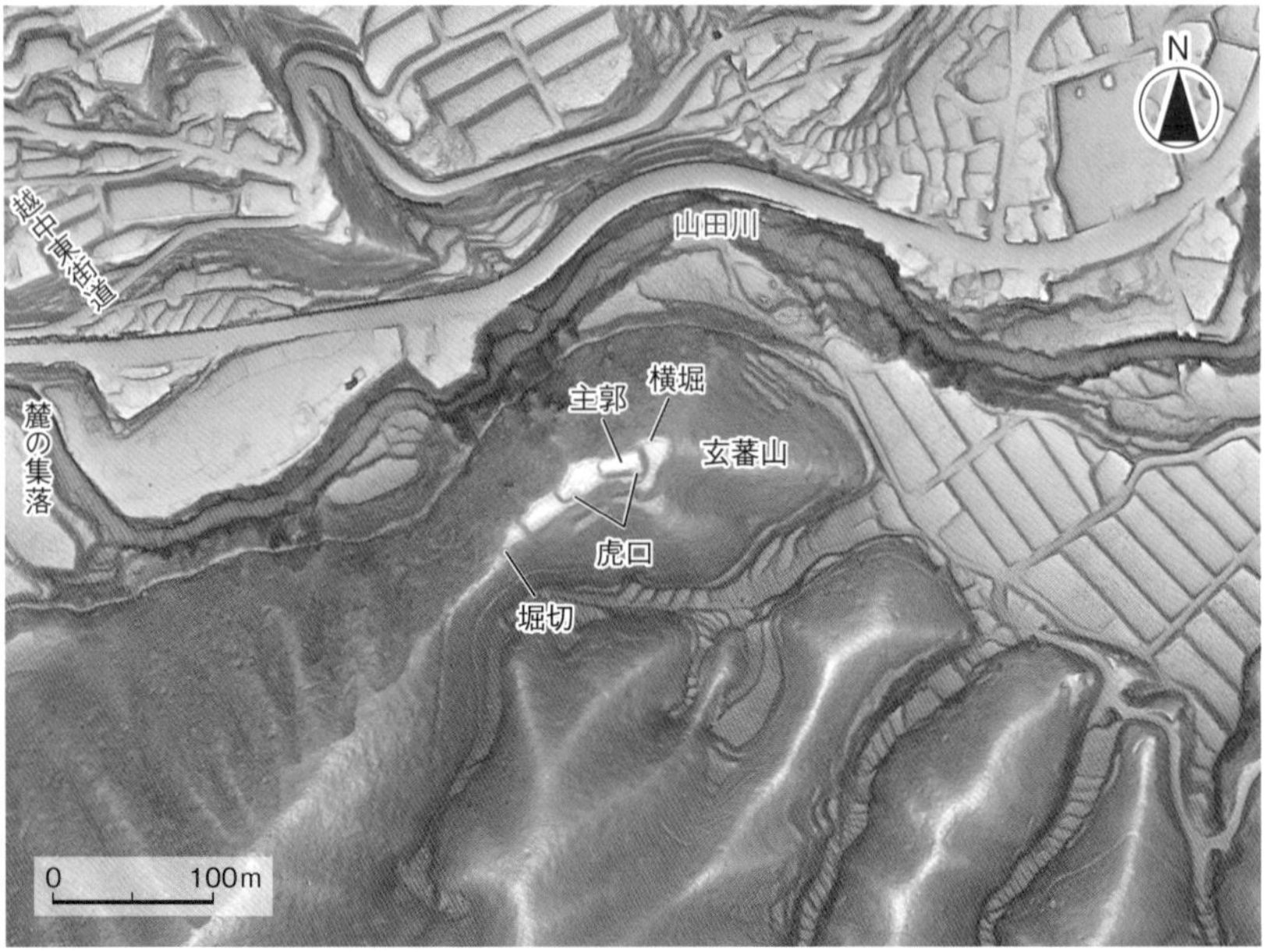

図40 ● 寺林城

上：赤色立体図。高原川の支流山田川沿いに築かれる。高山方面への出入りを監視する。主郭の東西それぞれに虎口を設けている。下：主郭跡。方形を呈する平坦地で、東西に出入り口となる虎口がある。

る越中東街道沿いに位置する。江馬氏の家臣、寺林蔵之介・玄蕃あるいは寺林大蔵《たいぞう》の居城と伝わり、玄蕃城ともよばれている。

主郭は東西約二三メートル、南北約一〇メートルの方形の曲輪で、西に三段の曲輪が連なり、各曲輪は切岸で遮断されている。その先の尾根には堀切が設けられ、尾根からの攻めを防いでいる。麓の集落から上がると通路状の横堀があり、主郭の東西にそれぞれ入り口となる虎口が認められる。

地元の古老の話では、山頂に昭和初期までお堂が存在していたが、いまは麓に移したとのことである。現在、山頂に川原石が認められるため、これがお堂の遺構の可能性があろう。

古川方面の最前線、政元城

越中東街道が大坂峠を越える本道と数河《すごう》峠を越える脇街道の数河街道との分岐点、神岡町西に政元城がある（図41）。分岐点の押さえであったのだろう。江馬氏の家臣・吉村政元《まさもと》の居城とも、正本主馬《しゅめ》の居城とも伝わる。

主郭は東西約二〇メートル、南北約一〇メートルの楕円形の平地であり、幅四〜一〇メートルの腰曲輪がめぐる。堀切をはさんで西側に東西約一六メートル、南北約一〇メートルの曲輪がある。西側の尾根筋にも堀切を設けて防御としている。

なお、政元城より尾根つづきで西側三五〇メートル上ったところに奥政元城がある。曲輪、堀切、竪堀が完存している。数河峠を遠望することができる立地であるため、政元城と密接に

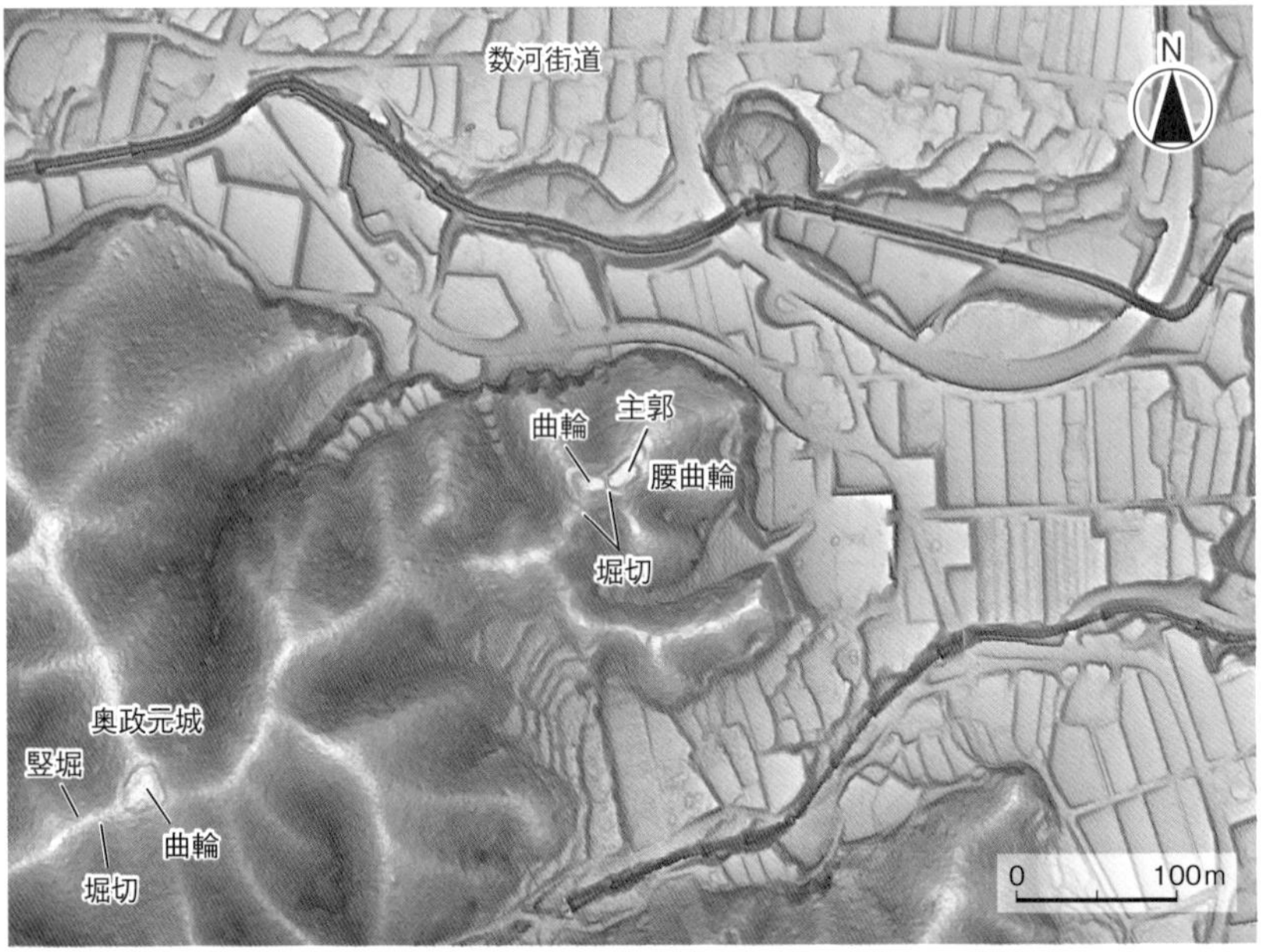

図41 ● 政元城
上：赤色立体図。山頂の楕円形の平坦地が主郭で、周囲を腰曲輪がめぐる。下：主郭の現状。楕円形を呈している。

連携して古川方面から神岡への出入りを警備していたと推測される。

ダイナミックな堀切をもつ洞城

神岡町の中心部から高原川を南にややさかのぼった麻生野《あそや》区の山上に洞城が築かれている（図42）。高原郷と信濃（有峰）街道を結ぶ上宝道沿いに立地し、江馬氏一族の麻生野右衛門大夫《あそやうえもんだいゆう》直盛《なおもり》の居城と伝わり、麻生野城ともよばれている。

山頂の主郭は、東西約四二メートル、南北約一三メートルの長方形であり、南側には腰曲輪から通行するための土橋状の虎口がある。主郭西側には、東西約三三メートル、南北約一四メートルの副郭がある。また、主郭北東側には土塁をともなう堀切が設けられており、その監視のために主郭に櫓台が設けられている。とくに堀切は深さ一〇メートル以上もあり、本城の高原諏訪城と比較しても遜色ない規模を誇る。

信州方面への押さえ、石神城

洞城よりさらに南東、神岡町内ではもっとも信州寄りに石神城がある（図43）。洞城とともに館と信濃（有峰）街道を結ぶ上宝道沿いに位置する。石神区の集落をみおろす尾根の突端に築かれ、二つの城のあいだに広がる河岸段丘面を守るように、石神区の山上に立地している。江馬時経《ときつね》が築城したと伝わり、杏子城、二越《ふたごえ》城ともよばれている。

城域を示すため、尾根の前後を堀切で遮断している。主郭は東西約二七メートル、南北約

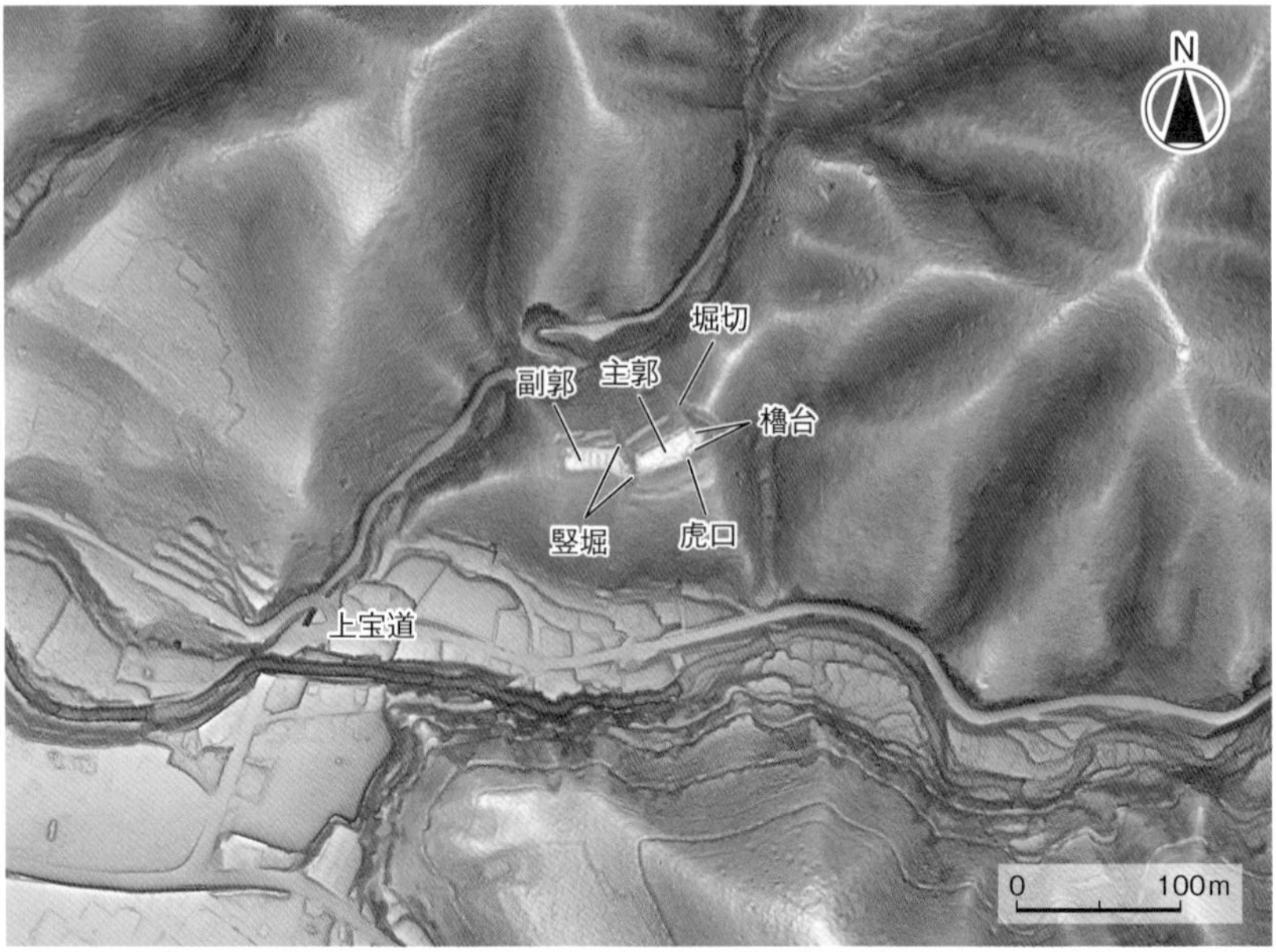

図42 ● 洞城
上：赤色立体図。山頂の長方形の平坦地が主郭で、北東側に土塁をともなう堀切があり、監視のための櫓台も備える。下：主郭北東側の堀切。規模は大きく、本城・高原諏訪城に匹敵する。

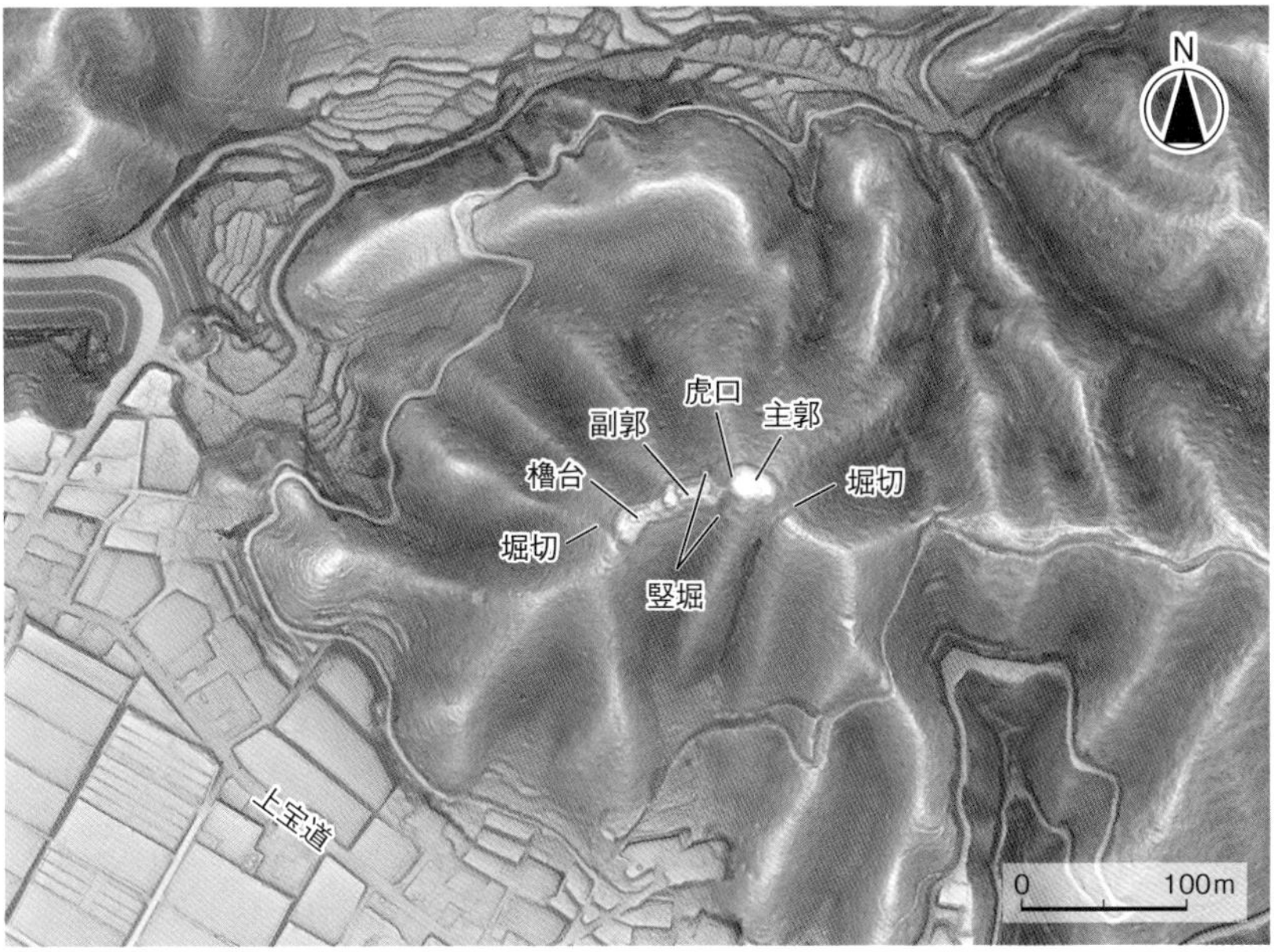

図 43 ● 石神城
上：赤色立体図。山頂の楕円形の平坦地が主郭で、西側に出入り口となる虎口を設ける。尾根の前後に堀切を備え、城域を区切る。
下：主郭跡。楕円形を呈する。

一九メートルの楕円形の曲輪である。東側には南北方向の堀切を設け、西側には南北の切岸に一本ずつ竪堀を設けている。主郭の西側に副郭があり、送電鉄塔によって開発を受けている。もっとも集落側に近い西側の堀切に通路用に土橋を設け、城内側には櫓台を構築している。

信州方面、古川方面と館・本城を連絡する傘松城

信州方面および古川方面の山城群と下館・本城を連絡する役割を担ったのが傘松城である。神岡の市街地をみおろす観音山《かんのんやま》山頂にある（図44）。

主郭のまわりに二〜三メートルの切岸、横堀をいく重にもめぐらせ、高原諏訪城と同様、主郭の独立性が目立つ。その主郭を中心に北・南東・西の三方向の尾根に城郭遺構が展開する。

北尾根は、館や本城、越中方面と寺林城をみおろす立地である。堀切などもあるが横堀には土橋がかかるなど、自身の支配領域側と認識しているからか遮断性は高くない。南東尾根には竪堀と小平坦地群といった遺構があるが、ほかの二つの尾根より明確な城郭遺構が認められない。西尾根には、堀切と土塁を組み合わせて一〇メートル近い高低差を二カ所も設けている。土塁には溝をともなうこともない、また竪堀をともなう地点もあり、主郭に攻めにくい構造となっている。

ほかの二つの尾根にくらべ厳重に警戒しているのは、古川方面に向くからである。西尾根からは越中東街道と吉田街道を視認できることから、古川盆地から神岡へいたる複数の街道を監視し、警戒していたものと考えられる。

傘松城はもともと、神岡町小萱《こかや》にある薬師堂の懸仏銘文から、一二九九年の築城と伝わり、

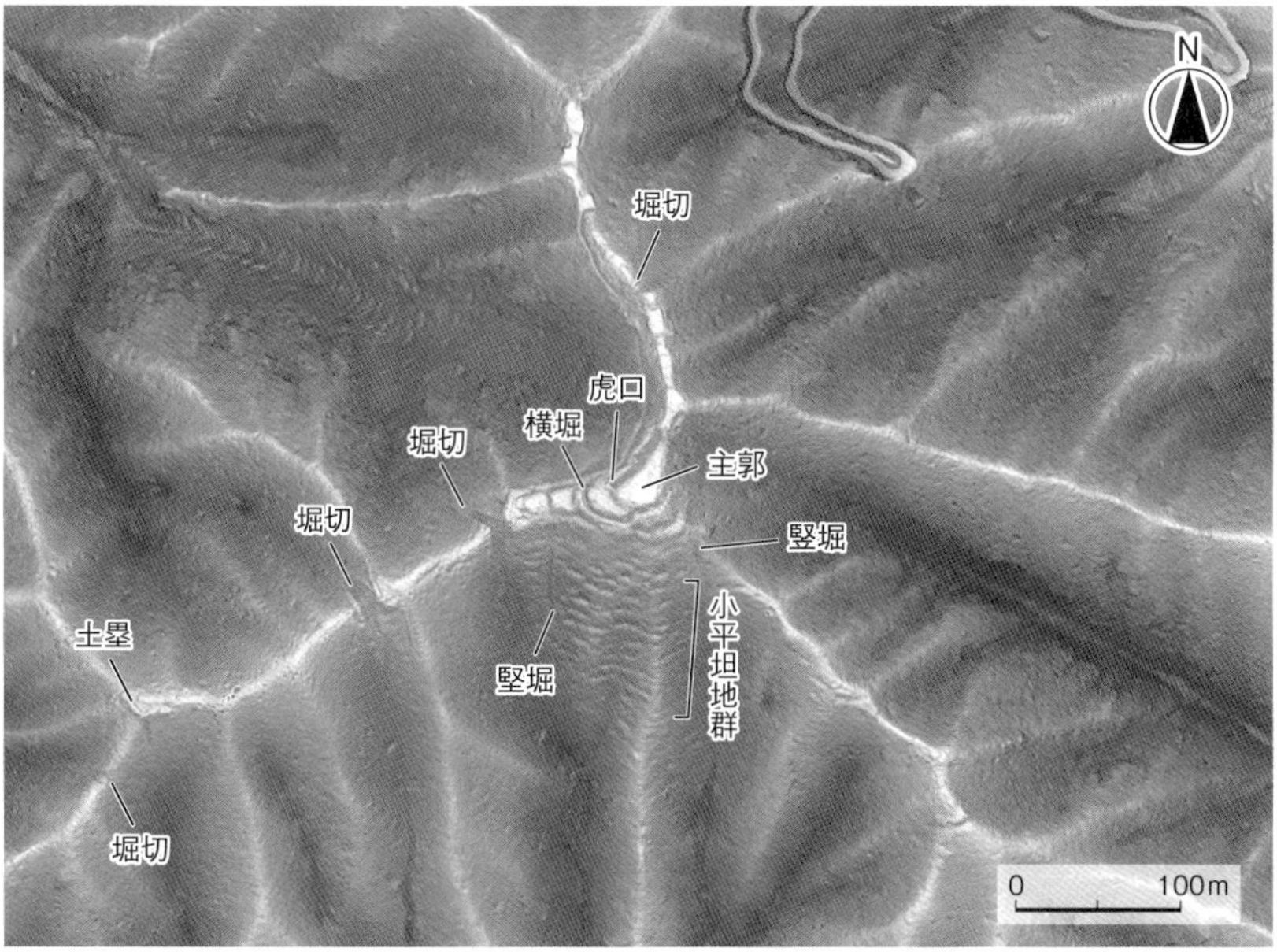

図 44 ● 傘松城
上：赤色立体図。山頂の三角形の平坦地が主郭で、周囲には横堀がめぐる。主郭から3方向にのびる尾根のうち、古川方面の南西側には堀切や土塁を備える。下：傘松城跡を高原諏訪城からのぞむ。城のある山の両脇を神岡へいたる街道が通る。

近世以降の地誌などにも江馬氏の居城としての記述がないことから、江馬氏の山城と認識されていなかった。

しかし近年になり、元来の地形を大規模に加工したダイナミックな堀切と土塁、主郭に横堀をめぐらせる細かなテクニック、そして古川方面にのみ厳重な警戒をしている城郭遺構の状況などから、江馬氏の山城と位置づけられるようになった。それにより現在は江馬氏城館跡の一つとして国史跡への追加指定を目指している。

二〇二〇年度には災害復旧にともない、発掘調査ではじめて遺構の状況を確認した（図45）。堀切は一・五メートル近く埋まっていて、元来はもっと深かった様子や主郭の南東尾根側には横堀が埋まっていた状況など、目をみはる城郭遺構が地面の下からみつかった。正式な分析は今後の作業によるが、江馬氏の山

図45 ● 傘松城跡の主郭直下の横堀を発掘
主郭の南側の曲輪で横堀を発見した。埋まっていたため、地表面ではわからなかった（2020年8月撮影）。

城との評価が高まったものと考えらえる。

下館の移転先か、東町城

下館から北西へ七〇〇メートル、下館と同一段丘の端部、神岡町東町に東町城がある。飛騨市唯一の平山城である。『飛州志』には「江馬之御館」と記録されている。沖野《おきの》城、野尻《のじり》城ともよばれている。

一五六四年ごろ、江馬氏が武田氏に属した後、武田信玄が越中侵攻のため築城したと伝わる。後に金森長近《ながちか》が飛騨を治めるようになってからは、その家臣山田小十郎《こじゅうろう》が入れ置かれたとされる。

現在は模擬天守の神岡城が建っており、そこには二重の堀がめぐっている。古写真や旧公図からは、曲輪や堀の形はほぼ変わっていないと考えられた。近年の隣接地の発掘調査で堀の延長を一部確認し、

図46● 発掘調査で確認した東町城の堀の延長
トレンチ内の黒色土が堀の埋土。開発にともなう工事立会で、東町城の堀の延長を確認した（2019年4月撮影）。

もともとの位置をとどめていることを証明した（図46）。

また、それらとは主軸が異なる堀の可能性がある遺構も確認している。さらに、個人蔵の古写真では、大型の石材を用いた石垣を多用している状況も確認できる。

歴史地理調査からは、現在の堀の軸線と一致しない短冊形地割によって構成される区画があることも判明しており（図47）、これらの区画は、江馬氏段階の遺構の可能性がある。大型の石材を用いた石垣は金森氏による改修の痕跡の可能性があろう。

そのほかの江馬氏関連山城

以上、江馬氏の山城をみてきたが、このほかにも関連する城がいくつかある（図9参照）。

傘松城跡に北接して八幡山城が、寺林城跡と政元城のあいだには越中東街道をみおろす下山《しもやま》田《だ》城がある。また近年の調査で、吉田街道をみおろす野中城が山城として認められた。文献にはない山城もあるが、立地などから江馬氏関連の山城と評価できる。

さらに飛騨市外に目をむけると、高山市国府町の梨打《なしうち》城と富山市の中地山城は比較的規模の大きい江馬氏との関連が伝わる山城である。

梨打城の東裾には越中東街道から大坂峠を抜けて神岡へ至る街道が通る。『飛州志』には江馬輝盛の城と記され、江馬氏が南方を固めるために築城した可能性が高いと考えられている。輝盛が一五八二年の八日町合戦で姉小路（三木）自綱に敗れた際、高原諏訪城とともに落ちたと伝わる。

中地山城へは、土城から大和田峠経由で有峰道を通るか、高原諏訪城から山之村道経由で有峰街道をへていたる。江馬輝盛の城と伝わり、その家臣川上氏がいたと伝わる。

そのほか神岡から信州へ通じる街道沿いの、高山市上宝町にある苧生茂《おいも》城、尻《しっ》高《たか》城も江馬氏の持ち城と考えられている。

このように江馬氏と関係がある山城が、神岡に出入りするた

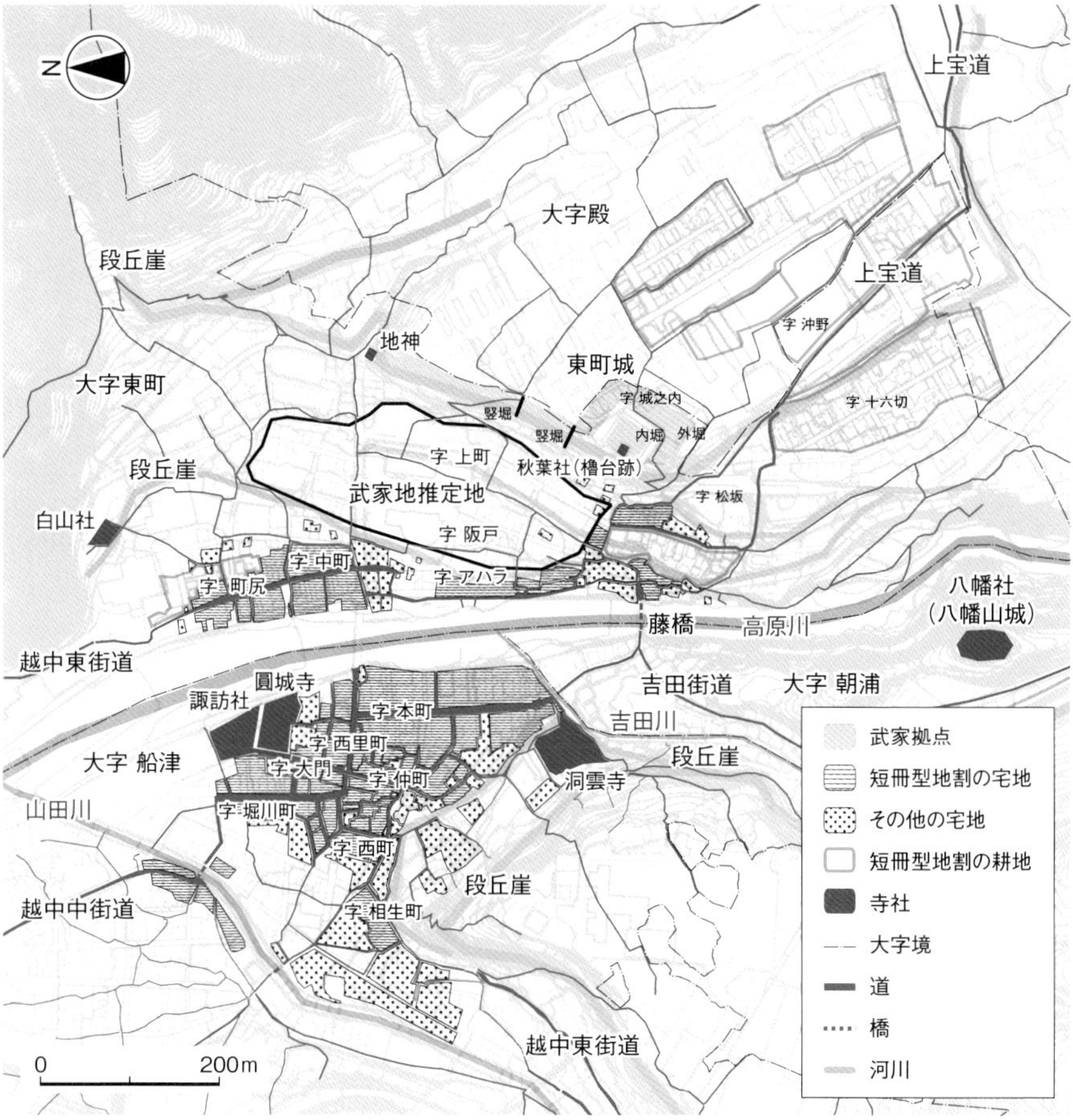

図 47 ● 東町城跡周辺の街並み
東町城跡がある段丘崖下には、城と軸線をそろえる道と集落がある。一方、同一段丘の東側の字沖野には軸線をそろえない短冊形地割がある。江馬氏段階と金森氏段階という時期差を示している可能性がある。

めの街道沿いやその分岐点などの重要な場所に立地し、江馬氏の領域支配を支えていたのである。

居館・集落・城・山寺の成立と終焉

以上のような山城群で守られた領域の中心に、下館とそれを包含する集落、本城、山寺があることがわかった。館の成立から廃絶までの一連の流れのなかでその景観を考えてみよう（図48・49）。

まず人びとが住みはじめた一三世紀以降のI期、そしてその後、下館が成立した一四世紀末のIIA期には、館周辺にも集落が形成されていた。下館に仕える人びとが生活を営んでいたのだろう。その範囲は段丘全体であり、四至に神社を配置した範囲と重なる。高

図48 ● 16世紀後半の復元イラスト① 下館と高原諏訪城（画：香川元太郎、監修：中井均）
高原諏訪城の主郭・副郭はよく使われているのにたいし、下館は廃墟となり、周辺集落が存続している。

原諏訪城もそのころには築城されたと考えられる。また、高原諏訪城から和佐保川をはさんだ対岸には山寺が存在していた。

その後、一五世紀末から一六世紀初頭に下館の建て替えがおこなわれた（ⅡB期）。

一六世紀中ごろのⅢ期になると、館の機能は下館から他所に移され、高原諏訪城跡が副郭周辺を中心に改修され、現在の地表面観察で確認できる遺構配置となる。また山寺は廃絶し、尾根上に岩ヶ平城跡が築城された。

これは、上杉謙信が越中から、武田信玄が信濃から侵攻し、その勢力争いが飛騨にも波及していた時期と重なる。飛騨は、越中・信濃・美濃を介して太平洋側と日本海側を結ぶ交通の分岐点

図49 ● 16世紀後半の復元イラスト② 傘松城から高原諏訪城をのぞむ（画：香川元太郎、監修：中井均）
傘松城と高原諏訪城にかこまれた地域が今の神岡。下館は廃墟となり、代わって同一段丘端に東町城がつくられている。

として戦略上の重要地であった。このため、二大勢力から圧力を受けていた江馬氏の政治的緊張を背景にしたものと推測される。

そして一五八二年、江馬氏が姉小路（三木）氏に敗れて領主としての姿を失い、高原諏訪城など山城群も使われなくなった。一五八五年には金森氏が東町城跡に入り、石垣を改修して拠点とした。その段階でも、下館周辺の調査では近世期の遺物が出土したことから、集落は存続していたものと考えられる。

こうして江馬氏城館跡に関わる遺跡の調査から、室町時代から戦国時代を駆け抜けた江馬氏が飛騨北部をいかに支配したかがみえてきた。すなわち、街道や河川への眺望がきく各所に山城を配置し、軍事・商業の面で重要な役割をはたした交通路を掌握した。その中枢区域は館・集落・城・山寺で成り立っており、その成立や廃絶と周辺の集落や山城、寺社の動態が連動している。このように多様な要素が有機的に結びつき、自身の領域を支配していたのである。

第５章　庭園の復元と未来

1　庭園の復元

庭石の発見状況

下館では、中世地方武家館における庭園をとりかこむ空間を見学者にわかりやすく示す方針のもと、庭園遺構を補修・露出展示するだけでなく、この庭園をとりかこむ建物群を再現することを目指した。それは、館の正門であり客人などを迎えた主門とその両脇の西側土塀の一部、庭園に臨み鑑賞の場となる会所、庭園の背景ともなる南側土塀の一部、庭園北側の目隠しとなる板塀などの厳密な復元である。

庭園の発掘調査では、倒され雑然とした状態にみえた庭石を一つひとつ慎重に調べ、四つに区分し復元への足がかりとした（図50）。

その区分は、①原位置を保つ石、②傾斜している石（頭が大きく傾くが、根本は原位置にあ

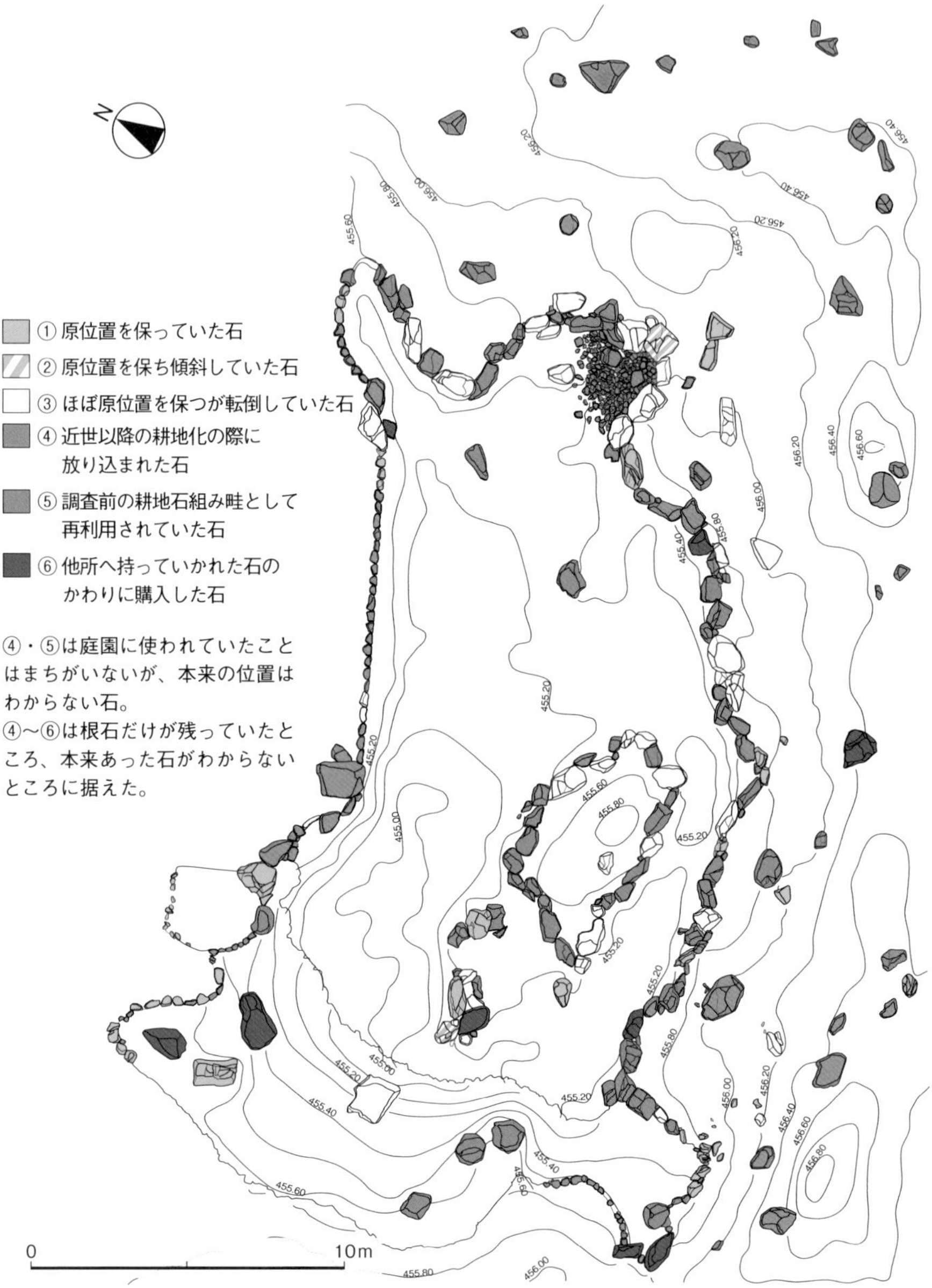

図50 ● 復元した庭石の配置
原位置を保つ石、傾斜した石、転倒した石、耕地化の際に
移動した石を確定し、復元していった。

る)、③転倒している石(原位置の近くにはあるが、根本から倒れている)、④原位置が不明の石(近世以降の耕地化の際に池内に放り込まれた石)である。

また、近世以降この地は水田として利用されており石組み畦が設けられていたが、この石組み石材も本来は庭園景石であったと考えられた。このため、現地保存されていたこれらの石組み石材も今回の復元に利用することにした(⑤)。さらに、近世耕地化の際に景石を近隣の寺の石垣にしたとの伝承も残っており、他所に持ち去られた景石もあったと考えられる。

庭石の据え直し

復元には発掘調査によって出土した①②③④と、もともと庭石であったであろう⑤を使用した。しかし③④については劣化が著しく復元に使用できないものがあり、また他所に持ち去られた石もあると考えられることから、庭園としての景観を整えるため石を購入して補った(⑥)。

なお、庭園に使用されている石材の七割が遺跡東側の山地に分布する黄褐色の船津花崗岩で、三割が遺跡西側に流れる高原川に分布する青灰色のホルンフェルスであった。この二種の石材を用いて景観に変化をつけていたと考えられる。地元で採取できる石材を使用していたこともこの庭園の特徴である。

据え直し作業(**図51**)は、①は原位置を保つため動かさなかった。②は根本が動いていないと考えられるため、根本は動かさずに傾いて流入した土を除去し、①の石の傾きも考慮しなが

図51 ● 庭石の据え直し作業
上：傾いている庭石はその場で起立させる。下：原位置をとどめていない石の据えつけ。

ら、頭部の傾きを本来あったと考えられる位置に直した。③については、まず石が天地そのままで滑るように倒れたのか九〇～一八〇度回転して池内に倒れ込んだのかを観察した。そして石を吊り上げて転倒して流入した土を除去し、石の底部と根石などとの合わせや①の石の傾きを考慮しながら据え直していった。

その後、庭園に使われていたことはまちがいないが本来の位置がわからない④⑤を、根石の残存状況と石の底部との合わせや庭園全体の収まりを考慮して据え直しを進めた（図52）。このように庭石一つひとつを発掘調査の手法で観察し、復元根拠を明確にして作業していったのである。

よみがえる芸術上・観賞上の価値

北東隅の石組みでは、傾き・転倒した大型の庭石を据え直した。石組みの池側下部は、発掘調査で拳大の礫を確認したため、拳大から人頭大の船津花崗岩とホルンフェルスを池底に密に敷き詰めた「礫敷き」とした。

南汀線の庭石は長径〇・八～一・五メートルほどの大型の船津花崗岩が多かったが、ほとんどが転倒していたため据え直した。隙間が生じていたため、全体のバランスを考えて庭園内でみつかった転倒石を据えた。

西汀線は、発掘調査で拳大の船津花崗岩と池底に敷いた褐色土を確認したことから、拳大の船津花崗岩と川原玉石を敷き詰め、その隙間を褐色土で埋めた「礫敷き」とした。庭園の景観に変化をつけるため南西部の張り出し部ほど石を小さくした。また北西部は砂利状の一センチ大の小石を敷き詰めた「ジャミ敷き」とした。

北汀線は東端部で青色のホルンフェルスの護岸石が四つ残存していたことから、調査で検出した汀線のラインに沿って青灰色のホルンフェルスを一段一列にならべた。

中島と岩島については、地山を掘り残した中島の高まりの東半分は周辺で検出した大きな石を護岸石とした中島とし、北西部の原位置を保つ大きな庭石は二つの独立した岩島とした。

庭園の南側陸部は発掘調査で痕跡が明らかにならなかったが、発掘で出土した石材が護岸だけでは使い切れず残ったことや庭園全体のあり方からみて、

図52 ● 進む庭石の据え直し
会所からの視点で収まりのよいように庭石を据えていき、芸術上・観賞上の価値が顕在化した。池底に敷いた褐色土がわずかにみえる。

南西部には築山があったと考えられた。このため南側陸部には築山にするための盛土を施し、庭石を据え付けることにした。

築山の高さは復元した石組みより低く設定し、庭石の配置は池側より目立たせず、背後の自然の山並みと調和することを考慮した。

会所を含む庭園区画の再現では、発掘調査で明らかになった建物の規模を基準に、町内に残る室町時代のお堂である薬師堂の使用材料や、古文書で確認できる建物の基準寸法、同時代に近い建物である滋賀県大津市にある園城寺光浄院客殿、さらに『信貴山縁起』や『一遍上人絵伝』などの絵巻物に描かれた建物を参考にした。

2　江馬氏城館跡の価値

復元された遺跡空間

こうして下館は、二〇〇七年に史跡江馬氏館跡公園として公開された（図53・54）。完成当時、中世武家居館の会所から庭園の眺望を体験できるのはここだけであった。また、二〇一七年には庭園区画が名勝に指定された。岐阜県内では史跡・名勝の二重指定ははじめてのことである。これは、江馬氏下館の価値をもっとも体現できる部分に力を入れて遺跡整備した成果であろう。

会所を訪れ縁側から巨石がならぶ庭園を眺め、土塀越しに雄大な景色を望む。五〇〇年間眠っていた風景がみごとによみがえったことを実感できる。室町時代の歴史を肌で感じることができるのである。このことは遺跡環境が残されている飛騨市の素晴らしさでもある。

江馬氏城館跡の本質的価値

このような経過をへた江馬氏城館跡の本質的価値は、以下の五点に集約される。

①庭園遺構や出土遺物に象徴される、往時の江馬氏がおこなっていた設え・儀礼・饗応などの様子を物語る下館跡。

②応仁の乱後の地方への文化の伝播をみることができ、背景の山並みも含めて往時の景観を体感することができる、全国的にも希少な下館跡と庭園遺構。

③高原郷内を効果的に支配するために、城館を有機的に配置することで、外

図53 ● 復元整備された庭園
会所から巨石がならぶ庭園を眺め、土塀越しに雄大な北アルプスの山々を望む。

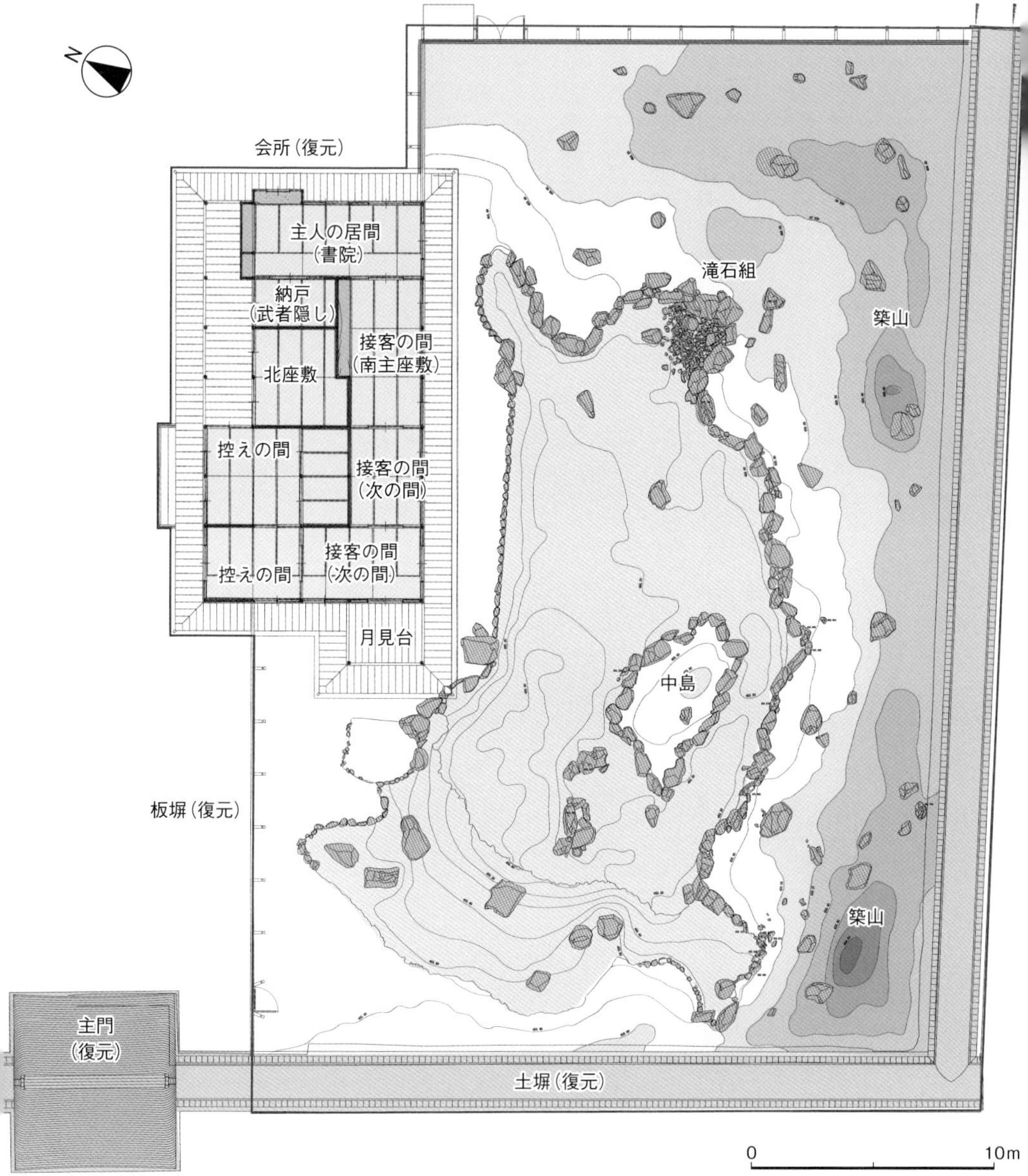

図54 ● 復元整備された江馬氏館跡庭園図
庭園を会所から眺めると、土塀際のゆるやかな起伏、池の対岸や中央の景石を楽しむことができる。中世の庭園の様子が見事によみがえった（赤線は国名勝の指定範囲）。

敵の侵入への備えと、領内の支配をおこなっていたことをよく示す城館群。
④巨大な堀切や大規模で急峻な切岸に代表される、土づくりの城の到達点ともいうべき、飛驒の城づくりの特徴をよく表す山城跡。
⑤遺構の保存状態がよく、指定から整備活用まで、長年にわたり地域住民や行政が史跡の保存・活用に取り組んできた様子がわかる全国的にも貴重な遺跡。

3　江馬氏城館跡のめざす姿

この江馬氏城館跡の史跡・名勝としての価値を多くの人と共有して末永く守り伝えていくためには、多くの人がこの地を訪れて遺跡に関与することが求められる。そのため飛驒市では、つぎの二つの活用をおこなっている。

ひとつは、江馬氏城館跡の本質的な価値を伝える活用である。たとえば、史跡名勝の構成要素である復元土塀の壁塗り体験や会所を会場にして大学教員などによる歴史講座（図55）、また高原諏訪城跡の見学会（図56）などを実施している。もうひとつは、歴史分野以外のイベントなどの「場」としての活用である。たとえば、地元の納涼祭や薪能の公演などである。これら二つの活用を軸に江馬氏城館跡と飛驒市民との関わりを保ちつづけている。

江馬氏城館跡の保存活用に多くの人が参画し、先人が生きた飛驒市の歴史の理解につなげる。この継続により、江馬氏城館跡を継承する飛驒市が存続していく姿を思い描いている。

図 55 ● 会所を会場にした歴史講座
山城跡の保存活用の機運を高めるため、江馬氏城館跡の本質的価値を学ぶため、会所を会場にして毎年開催している。

図 56 ● 高原諏訪城跡の見学会
中井均さん（滋賀県立大学教授〔当時〕· 江馬氏城館跡整備委員会委員）による高原諏訪城の解説付き探訪（2020 年 9 月）。

引用参考文献

大下永　二〇一八「飛騨における中世山寺の空間構造について」『斐太紀』平成三〇年秋季号
大下永　二〇一九「第三章第一節　史跡江馬氏城館跡と傘松城跡の位置づけ」『飛騨市遺跡詳細分布調査報告―古川町・神岡町―』飛騨市教育委員会
大平愛子　二〇一〇「第四章第二節　下館跡の遺構変遷」『江馬氏城館跡Ⅵ』飛騨市教育委員会
岡村利平編　一九〇九『飛州志』（長谷川忠崇編『飛州志』〔享保年間〕）
神岡町　一九七六・八〇『神岡町史』資料編下巻、資料編別巻
神岡町教育委員会　一九七九『江馬氏城館跡発掘調査概報』
神岡町教育委員会　一九八一『江馬氏城館跡保存管理計画策定報告書』
神岡町教育委員会・富山大学人文学部考古学研究室　一九九五・九六・九七『江馬氏城館跡』『江馬氏城館跡Ⅱ』『江馬氏城館跡Ⅲ』
神岡町教育委員会　一九九八・二〇〇一『江馬氏城館跡Ⅳ』『江馬氏城館跡Ⅴ』
岐阜県教育委員会　二〇〇五『岐阜県中世城館跡総合調査報告書』第四集（飛騨地区・補遺）
葛谷鮎彦　一九七〇『中世江馬氏の研究』
国府町史刊行委員会　二〇〇七『国府町史　考古・指定文化財編』
小島道裕　一九九六「江馬氏下館と江馬氏―文献史料による考察―」『江馬氏城館跡Ⅱ』神岡町教育委員会・富山大学人文学部考古学研究室
小島道裕　一九九八「文献史料による考察（補足）」『江馬氏城館跡Ⅳ』神岡町教育委員会
小島道裕　二〇〇三「江馬氏館と江馬氏―室町期国人領主と館―」『国立歴史民俗博物館研究報告』第一〇四集　国立歴史民俗博物館
佐伯哲也　二〇一八『飛騨中世城郭図面集』桂書房
千田嘉博　一九九五「江馬氏の山城」『江馬氏城館跡』神岡町教育委員会・富山大学人文学部考古学研究室
高岡徹　一九九八「佐々成政の飛騨高原郷侵攻について」『飛騨春秋』四五〇
富田礼彦編　一九一五『大日本地誌体系　斐太後風土記』雄山閣（富田礼彦『斐太後風土記』〔明治六年〕）
飛騨市教育委員会　二〇一〇・一八・一九・二〇『江馬氏城館跡Ⅵ』『史跡江馬氏城館跡下館跡地区整備工事報告書』『飛騨市遺跡地図』『飛騨市遺跡詳細分布調査報告―古川町・神岡町―』『史跡江馬氏城館跡・名勝江馬氏館跡庭園　保存活用計画書』『江馬氏城館跡七・江馬氏殿遺跡』
三好清超　二〇〇八「江馬氏下館跡会所復元について」『研究事業報告（平成一九年度版）』岐阜県ミュージアムひだ
三好清超　二〇一二「江馬氏下館跡庭園の発掘調査成果について」『遺跡学研究』第九号　日本遺跡学会
三好清超　二〇一六「飛騨市神岡町殿字坂口における中世遺跡について」『飛騨の中世』第七号

史跡 江馬氏館跡公園

・岐阜県飛騨市神岡町殿573—1
・電話 0578（82）6001
・開館時間 10：00～16：00（入館は15：30まで）
・休館日 12月1日～3月31日（冬季休館）
・入館料 大人200円、小中学生100円
・交通 車で、高山市街より国道41・471号経由で約60分、富山市街より国道41・471号経由で約60分、JR飛騨古川駅より約30分

下館跡の庭園、庭園を観賞する会所、主門、土塀などを復元。庭園は国名勝に指定されている。庭園と会所をセットで復元した中世武家館は全国でここだけで、会所からは当時の殿様が眺めたとされる、飛騨の雄大な山々と美しい庭園を一望することができる。会所・庭園以外は自由に見学できる。

高原諏訪城跡

・飛騨市神岡町殿・和佐保

下館背後の山中に、主郭・副郭などの曲輪、堀切などの遺構が残っている。主郭からは下館をみおろすことできる。ほかの山城も含め、登山道が整備されていないところもあり、見学には注意を要する。

江馬氏館跡公園外観

市民による土塀塗り体験

会所を背景に開催された薪能「藤橋」

遺跡には感動がある

——シリーズ「遺跡を学ぶ」刊行にあたって——

「遺跡には感動がある」。これが本企画のキーワードです。

あらためていうまでもなく、専門の研究者にとっては遺跡の発掘こそ考古学の基礎をなす基本的な手段です。また、はじめて考古学を学ぶ若い学生や一般の人びとにとって「遺跡は教室」です。

日本考古学では、もうかなり長期間にわたって、発掘・発見ブームが続いています。そして、毎年厖大な数の発掘調査報告書が、主として開発のための事前発掘を担当する埋蔵文化財行政機関や地方自治体などによって刊行されています。そこには専門研究者でさえ完全には把握できないほどの情報や記録が満ちあふれています。しかし、その遺跡の発掘によってどんな学問的成果が得られたのか、その遺跡やそこから出た文化財が古い時代の歴史を知るためにいかなる意義をもつのかなどといった点を、莫大な記述・記録の中から読みとることははなはだ困難です。ましてや、考古学に関心をもつ一般の社会人にとっては、刊行部数が少なく、数があっても高価なその報告書を手にすることすら、ほとんど困難といってよい状況です。

いま日本考古学は過多ともいえる資料と情報量の中で、考古学とはどんな学問か、また遺跡の発掘から何を求め、何を明らかにすべきかといった「哲学」と「指針」が必要な時期にいたっていると認識します。

本企画は「遺跡には感動がある」をキーワードとして、発掘の原点から考古学の本質を問い続ける試みとして、日本考古学が存続する限り、永く継続すべき企画と決意しています。いまや、考古学にすべての人びとの感動を引きつけることが、日本考古学の存立基盤を固めるために、欠かせない努力目標の一つです。必ずや研究者のみならず、多くの市民の共感をいただけるものと信じて疑いません。

二〇〇四年一月

戸沢充則

著者紹介

三好清超（みよし・せいちょう）

1977年、大阪市生まれ。

富山大学大学院人文科学研究科修了。

現在、飛驒市教育委員会事務局文化振興課係長（学芸員）。

主な著作　『江馬氏城館跡Ⅵ』（2010年、飛驒市教育委員会）、「中部地方の一本づくり・一枚づくり」（2020年、『古代瓦研究Ⅸ』奈良文化財研究所）ほか。

●写真提供（所蔵）
飛驒市教育委員会：図2・3・4（個人所蔵）・5・7・10（寿楽寺所蔵）・13 ～ 15・17 ～ 25・27・29・33・34・37・39（下）・40（下）・41（下）・42（下）・43（下）・44（下）・45・46・51 ～ 53・55・56・遺跡博物館紹介／胎内市教育委員会：図6／山口市教育委員会：図8／飛驒高山まちの博物館：図30

●図版出典（原図、一部改変）
図1：国土地理院20万分の1地勢図「高山」／図9・28・31・39（上）・40（上）・41（上）・42（上）・43（上）・44（上）・54：『史跡江馬氏城館跡名勝江馬氏館跡庭園保存活用計画書』／図11・12・16：『江馬氏城館跡Ⅵ』／図26・50：『史跡江馬氏城館跡下館跡地区整備工事報告書』／図32・38：『江馬氏城館跡7　江馬氏殿遺跡』／図35・36・47：飛驒市教育委員会／図48・49：飛驒市教育委員会（画：香川元太郎、監修：中井均）

シリーズ「遺跡を学ぶ」152

中世武家庭園と戦国の領域支配　江馬氏城館跡《えましじょうかんあと》

2021年　8月 10日　第1版第1刷発行

著　者＝三好清超
発　行＝新 泉 社
東京都文京区湯島1－2－5　聖堂前ビル
TEL 03（5296）9620 ／ FAX 03（5296）9621
印刷／三秀舎　製本／榎本製本

ISBN978－4－7877－2132－7　C1021